Gutachten B
zum 72. Deutschen Juristentag
Leipzig 2018

Verhandlungen des
72. Deutschen Juristentages
Leipzig 2018

Herausgegeben von der
Ständigen Deputation
des Deutschen Juristentages

Band I
Gutachten
Teil B

Gemeinsam getragene Elternverantwortung nach Trennung und Scheidung – Reformbedarf im Sorge-, Umgangs- und Unterhaltsrecht?

Gutachten B
zum 72. Deutschen Juristentag

Erstattet von
Professorin Dr. Eva Schumann
Lehrstuhl für Deutsche Rechtsgeschichte
und Bürgerliches Recht
Georg-August-Universität Göttingen

Verlag C. H. Beck München 2018

www.beck.de

ISBN 978 3 406 71583 9

© 2018 Verlag C. H. Beck oHG
Wilhelmstraße 9, 80801 München
Druck: Druckerei C. H. Beck Nördlingen
(Adresse wie Verlag)
Umschlaggestaltung: nach dem Entwurf von rulle & kruska gbr,
Nikolaus Rulle, Köln

Gedruckt auf säurefreiem, alterungsbeständigem Papier
(hergestellt aus chlorfrei gebleichtem Zellstoff)

Inhaltsverzeichnis

A. Einleitung .... B 9
   I. Reformbedarf, thematische Eingrenzung und Begriffe .... B 9
   II. Verfassungs- und völkerrechtlicher Rahmen .... B 11
      1. Verfassungsrechtliche Grundlagen .... B 11
      2. Völkerrechtliche Vorgaben und Empfehlung des Europarats .... B 16
   III. Rechtstatsachen und interdisziplinäre Aspekte .... B 18
      1. Wahrnehmung der Elternverantwortung .... B 18
      2. Ökonomische Situation von Trennungsfamilien .... B 25
   IV. Rechtsvergleich zur geteilten Betreuung .... B 26

B. Leitbild der gemeinsamen Sorge und Elternautonomie .... B 31
   I. Leitbild der gemeinsamen Sorge .... B 31
      1. Leitbild der gemeinsamen Sorge versus Elternautonomie in § 1671 Abs. 1 S. 2 Nr. 1 BGB .... B 32
      2. Gemeinsame Sorge kraft Gesetzes und Sorgeerklärungen nach § 1626a Abs. 1 Nr. 1 BGB .... B 33
      3. Wiederbegründung der gemeinsamen Sorge nach § 1696 Abs. 1 S. 1 BGB .... B 37
   II. Ausgestaltung der gemeinsamen Elternverantwortung .... B 41
      1. Vorgabe eines Leitbildes zur Ausübung der gemeinsamen Trennungssorge? .... B 41
      2. Kompetenzverteilung nach § 1687 Abs. 1 BGB .... B 43
      3. Elternvereinbarungen über die Betreuung oder den Umgang .... B 48
         a) Voraussetzungen und Verbindlichkeit einer Elternvereinbarung .... B 48
         b) Erweiterung des gerichtlich gebilligten Vergleichs nach § 156 Abs. 2 FamFG .... B 52

C. Lösung von Elternkonflikten .... B 54
   I. Elternkonflikte im System des Kindschaftsrechts, des FamFG und des SGB VIII .... B 54
      1. Verbund von Sorge, Betreuung und Umgang? .... B 55
      2. Antrags- und Amtsverfahren .... B 57
   II. Sorgerechtsentscheidungen nach § 1671 Abs. 1 S. 2 Nr. 2 und § 1626a Abs. 2 BGB .... B 59
   III. Anordnung der geteilten Betreuung gegen den Willen eines Elternteils .... B 61
      1. Bestandsaufnahme und Reformbedarf .... B 61

      2. Voraussetzungen für die Anordnung einer geteilten Betreuung .... B 63
         a) Positive Kindeswohlprüfung .... B 64
         b) Berechtigte Interessen der Eltern .... B 65
         c) Art und Ausmaß des Elternkonflikts .... B 65
         d) Tatsächliche Gegebenheiten und Möglichkeiten ... B 68
         e) Regelung zur geteilten Betreuung .... B 68
      3. Abänderungsentscheidung .... B 69
      4. Geteilte Betreuung als Kindschaftssache .... B 71
   IV. Elternstreit über Umfang und Durchführung des Umgangs ..... B 72
      1. Umgangsregelung und Anordnungen nach § 1684 Abs. 3 BGB .... B 72
         a) Regelung des Umgangs auf Antrag .... B 73
         b) Anordnungen nach § 1684 Abs. 3 S. 2 BGB .... B 74
         c) Umgangspflegschaft .... B 75
         d) Reform des § 1684 Abs. 3 BGB .... B 77
      2. Maßnahmen nach § 1684 Abs. 4 BGB .... B 77

D. Kindeswohl und Kindeswille .... B 80
   I. Kindeswohl als Prüfungsmaßstab und Eingriffslegitimation .... B 80
      1. Positive und negative Kindeswohlprüfung .... B 80
      2. Staatlicher Eingriff bei einer Kindeswohlgefährdung .... B 82
   II. Kindeswille .... B 83
      1. Berücksichtigung des Kindeswillens in Kindschaftssachen ... B 84
      2. Antragsrecht eines Jugendlichen im Eltern-Kind-Konflikt .... B 86

E. Kindesunterhalt .... B 90
   I. Bestandsaufnahme und Reformbedarf .... B 90
   II. Kindesunterhalt im Residenzmodell, § 1606 Abs. 3 S. 2 BGB .. B 91
   III. Kindesunterhalt bei geteilter Betreuung .... B 94
      1. Vorüberlegungen .... B 94
      2. Berechnungsmethode .... B 98
         a) Ermittlung des Bedarfs des Kindes .... B 98
         b) Berücksichtigung der Betreuungsanteile der Eltern .... B 100
         c) Leistungsfähigkeit und Selbstbehalt .... B 103
         d) Erwerbsobliegenheit .... B 103
      3. Geltendmachung des Barunterhalts .... B 106
      4. Unterhaltsformel zur Berechnung des Barunterhalts .... B 107
      5. Beispiele .... B 109
         a) Paritätisches Wechselmodell .... B 109
         b) Asymmetrisches Betreuungsmodell .... B 110

F. Thesen .... B 112
   I. Inhaberschaft der elterlichen Sorge (Statusfragen) .... B 112

II. Betreuung und Umgang (Ausübung der gemeinsamen Elternverantwortung) .... B 112
III. Kindeswohl und Kindeswille .... B 114
IV. Kindesunterhalt .... B 115

A. Einleitung

I. Reformbedarf, thematische Eingrenzung und Begriffe

Etwa ein Viertel aller Eltern mit gemeinsamen minderjährigen Kindern lebt getrennt,[1] wobei ca. 96 % der geschiedenen Eltern an der gemeinsamen Sorge festhalten.[2] Die große Mehrheit der Trennungseltern praktiziert das Residenzmodell (Betreuung des Kindes überwiegend durch einen Elternteil), das auch als einziges Modell gesetzlich geregelt ist. Da jedoch abweichende Betreuungsmodelle wie das Wechselmodell (auch als Doppelresidenzmodell bezeichnet), das Nestmodell oder das Residenzmodell mit erweitertem Umgang nicht im Gesetz abgebildet sind, wird eine Reform angemahnt.[3] Hinzu kommt, dass sich immer mehr Trennungseltern eine stärkere Aufteilung der Betreuung wünschen – auch vor dem Hintergrund einer zunehmenden Anzahl von berufstätigen Müttern und von Vätern, die mehr Zeit mit ihren Kindern verbringen wollen. Der Trend zu einer egalitäreren Rollenverteilung wird daher anhalten, auch wenn derzeit noch zwei Drittel aller Kinder ganz überwiegend oder ausschließlich von einem Elternteil (idR der Mutter) betreut werden.[4] Über die Frage nach einer Regelung des Wechselmodells hinaus gibt es aber 20 Jahre nach der Kindschaftsrechtsreform noch weiteren Reformbedarf: Dieser betrifft erstens die Verwirklichung des Leitbilds der gemeinsamen Trennungssorge und der Elternautonomie getrennt lebender Eltern, zweitens die kohärente Ausgestaltung der verschiedenen Schlichtungsregelungen bei Elternkonflikten und drittens die Stärkung der Rechte von Kindern bei der Regelung der Betreuung und des Umgangs in Fällen eines Eltern-Kind-Konflikts.

---

[1] *Institut für Demoskopie Allensbach*, Getrennt gemeinsam erziehen, 2017, 3 (http://www.ifd-allensbach.de/uploads/tx_studies/Abach_Trennungseltern_Bericht.pdf).

[2] Bezogen auf das Jahr 2013; *Statistisches Bundesamt* (Destatis), Bei 96 % der Scheidungsverfahren blieb das Sorgerecht bei beiden Eltern, Zahl der Woche v. 12.5.2015 (https://www.destatis.de/DE/PresseService/Presse/Pressemitteilungen/zdw/2015/PD15_020_p002.html).

[3] Zuletzt etwa AK 8 „Reformansätze im Sorge- und Umgangsrecht" in 22. DFGT, 2017, 102 (Ziff. 1); Beschluss der 88. Konferenz der Justizministerinnen und Justizminister v. 21./22.6.2017, TOP I.1 (https://jm.rlp.de/fileadmin/mjv/Jumiko/Fruehjahrskonferenz_neu/I.1_Gesetzliche_Regelung_des_Wechselmodells_und_seiner_Folgen.pdf); *Kinderrechtekommission DFGT* FamRZ 2014, 1157 (1166). Der Entscheidung BVerfGE 61, 358 (362 f.) lag freilich 1982 schon ein Fall zugrunde, bei dem die Eltern ein Nestmodell praktiziert haben.

[4] *Institut für Demoskopie Allensbach* (Fn. 1) 11 f.

Da Lösungen *de lege ferenda* möglichst alle Trennungskinder erfassen sollten, bedarf der Titel „Gemeinsam getragene Elternverantwortung nach Trennung und Scheidung" einer Präzisierung: Das Gutachten behandelt nicht nur die gemeinsam getragene Elternverantwortung *nach* einer Trennung, sondern die Rechtsbeziehungen von getrennt lebenden Eltern zum Kind unabhängig davon, ob zwischen den Eltern eine Statusbeziehung bestand, ob sie jemals mit dem Kind gemeinsam zusammengelebt haben und ob es sich um verschieden- oder gleichgeschlechtliche Eltern handelt. Ziel wird es dabei sein, so weit wie möglich einheitliche Regelungen für alle Trennungskinder zu schaffen. Ausgeklammert werden hingegen Eltern-Kind-Verhältnisse unter Beteiligung Dritter (Pflegeeltern, Stiefeltern, nur leiblicher Vater).[5] Auch Fragen jenseits des Familienrechts (insb. zum Steuer- und Sozialrecht) können nur am Rande behandelt werden, während auf wichtige Bezüge zum Verfahrensrecht zumindest kurz eingegangen wird. Neben den Thesen werden auch konkrete Reformvorschläge (RV) jeweils am Ende einzelner Abschnitte vorgelegt.[6] In erster Linie geht es aber darum, zentrale Prinzipien herauszuarbeiten und Weichenstellungen aufzuzeigen, auf deren Grundlage auch Folgefragen angemessen gelöst und Alternativvorschläge diskutiert werden können.

Unter dem Oberbegriff „geteilte Betreuung"[7] werden im Folgenden nicht nur das paritätische Wechselmodell, sondern auch das Nestmodell und asymmetrische Betreuungsmodelle verstanden.[8] Der Begriff „geteilte Betreuung" hat mehrere Vorteile: Erstens bringt er bei asymmetrischen Betreuungsmodellen zum Ausdruck, dass ein substanzieller Betreuungsanteil des extern lebenden Elternteils etwas anderes ist als der Umgang, dessen Zweck im Erhalt bzw. in der Herstellung der Beziehung zum Kind liegt.[9] Zweitens deutet er an, dass bei der Berechnung des Kindesunterhalts unterschiedlich hohe Betreuungsanteile der Eltern zu berücksichtigen sind. Drittens ist

---

[5] Diese waren Gegenstand des Gutachten F von *Helms* auf dem 71. DJT in Essen 2016.

[6] Anhand dieser Vorschläge lässt sich zeigen, dass eine Reform mit einer moderaten Fortentwicklung des Kindschaftsrechts umgesetzt werden könnte. Soweit die Reformvorschläge bestehende Regelungen ändern, sind die Abweichungen zum geltenden Recht durch Unterstreichungen hervorgehoben.

[7] Für den Begriff „geteilte Betreuung" spricht sich auch *Hammer* FamRZ 2015, 1433 aus. Alternativ könnte auch von „alternierender" oder „abwechselnder Betreuung" gesprochen werden; dazu *Frigger*, Heute hier, morgen dort? Das Wechselmodell im Familienrecht, 2008, 9 (http://www.system-familie.de/michael_frigger_wechsel modell.pdf).

[8] Zu den verschiedenen Formen der Betreuung im Wechsel *Sünderhauf*, Wechselmodell: Psychologie – Recht – Praxis, 2013, 57 ff.

[9] BGHZ 42, 364 (371) (noch zu § 1634 BGB aF); BVerfGE 121, 69 (94 ff.).

das Konzept der „geteilten Betreuung" an die internationale Entwicklung und andere Fachkulturen anschlussfähig. So werden im Ausland mit Begriffen wie *shared residence* oder *résidence alternée* nicht nur das paritätische Wechselmodell, sondern auch Modelle der Mitbetreuung mit unterschiedlich hohen Betreuungsanteilen verstanden. Ebenso wird in sozialwissenschaftlichen und psychologischen Studien bei einer Mitbetreuung eines Elternteils ab 30 % von einem asymmetrischen Wechselmodell ausgegangen.[10] Aber auch im juristischen Diskurs werden zunehmend asymmetrische Betreuungsmodelle als Alternative zum Residenzmodell anerkannt, wenn „die Voraussetzungen gemeinsamer elterlicher Verantwortung und ‚Zuhausesein' bei beiden Eltern vorliegen".[11] In diesen Fällen sollten die Eltern als „überwiegend betreuender Elternteil" und „mitbetreuender Elternteil" angesehen werden, um die im Kindschaftsrecht enthaltenen Einteilungen in betreuender und barunterhaltspflichtiger Elternteil (§ 1606 Abs. 3 S. 2 BGB) oder in betreuender und umgangsberechtigter Elternteil (§§ 1684, 1687 BGB) zu vermeiden.[12] Denn diese Zuschreibungen blenden in Fällen der geteilten Betreuung von vornherein den Betreuungs- und Erziehungsbeitrag des anderen Elternteils aus und weisen den Eltern unterschiedliche Aufgaben gegenüber dem Kind zu, obwohl beide – wenn auch zeitlich in unterschiedlichem Umfang – in derselben Art und Weise ihrer Elternverantwortung nachkommen.[13]

II. Verfassungs- und völkerrechtlicher Rahmen

1. Verfassungsrechtliche Grundlagen

Nach ständiger Rechtsprechung des BVerfG ist Familie iSd Art. 6 Abs. 1 GG „die umfassende Gemeinschaft von Eltern und Kindern, in der den Eltern vor allem Recht und Pflicht zur Pflege und Erziehung der Kinder erwachsen".[14] Lebt das Kind nicht mit beiden Eltern in einer Hausgemeinschaft zusammen, „tragen aber beide Eltern

---

[10] Dazu insgesamt *Walper* in 21. DFGT, 2016, 99 (107 f.); *Salzgeber* FamRZ 2015, 2018 (2019 f.); *ders./Bublath* NZFam 2016, 837 f.

[11] AK 7 „Umgang zwischen Wochenend- und Wechselmodell" in 20. DFGT, 2014, 124 f. (These 1). So auch *Sünderhauf* (Fn. 8) 61 ff., 76 ff., 494. Zust. *Kostka* Streit 2014, 147. Vgl. weiter *Horndasch* FuR 2011, 593 (594). Hingegen sollte nach *Hammer* FamRZ 2015, 1433 (1440) von einer geteilten Betreuung erst ab einem Mitbetreuungsanteil von 40 % ausgegangen werden. Zur Frage der Zeitquoten auch *Sünderhauf* (Fn. 8) 64 ff.

[12] Zur Problematik auch *Scheiwe/Wersig*, Cash und Care – Kindesunterhaltsrecht und Geschlechter(un)gleichheit, 2011, 13 f.

[13] Krit. dazu *Scheiwe/Wersig* (Fn. 12) 13 f.; *Salzgeber/Bublath* NZFam 2016, 837.

[14] BVerfGE 127, 263 (287); st. Rspr. seit BVerfGE 10, 59 (66).

tatsächlich Verantwortung für das Kind, hat dieses zwei Familien, die von Art. 6 Abs. 1 GG geschützt sind: die mit der Mutter und die mit dem Vater".[15] Somit besteht aufgrund des besonderen staatlichen Schutzes das Gebot, beide Trennungsfamilien durch staatliche Leistungen (insb. im Sozial- und Steuerrecht) zu fördern, und zwar auch dann, wenn die Betreuungsanteile der Eltern unterschiedlich hoch sind.[16] Da Kinder in Trennungsfamilien besonders häufig von Kinderarmut betroffen sind,[17] ergibt sich aus Art. 6 Abs. 1 GG eine gesteigerte Verantwortung für den Staat, die Förderpflicht für diese Familien umzusetzen. Die Reform des Unterhaltsvorschussgesetzes 2017[18] war ein Schritt in die richtige Richtung; Förderbedarf besteht aber noch in anderen Bereichen, da sich das Sozial- und Steuerrecht häufig am Residenzmodell orientiert. Dies hat zur Folge, dass bei einer geteilten Betreuung bestimmte Leistungen entweder ganz wegfallen (so der Unterhaltsvorschuss) oder nicht aufgeteilt werden können (so der steuerliche Entlastungsbetrag für Alleinerziehende). Obwohl die geteilte Betreuung regelmäßig zu Mehraufwendungen in zwei Haushalten führt, werden staatliche Leistungen bislang nur vereinzelt beiden Teilfamilien gewährt (so etwa seit 2016 das Wohngeld nach § 5 Abs. 4 S. 2 WoGG ab einer Mitbetreuung durch einen Elternteil von einem Drittel).[19] Eine Reform des Kindschaftsrechts, insb. des Kindesunterhaltsrechts, dürfte aber ohne Anpassungen im Sozial- und Steuerrecht auf halbem Wege stehen bleiben, weil sich dann nur gut verdienende Eltern eine geteilte Betreuung leisten könnten.[20]

---

[15] BVerfGE 108, 82 (112); st. Rspr. seit BVerfGE 45, 104 (123).
[16] BVerfGE 127, 263 (287 f.).
[17] Dazu *Lenze/Funcke*, Alleinerziehende unter Druck. Rechtliche Rahmenbedingungen, finanzielle Lage und Reformbedarf, 2016, 9 (https://www.bertelsmann-stiftung.de/fileadmin/files/Projekte/Familie_und_Bildung/Studie_WB_Alleinerziehende_Aktualisierung_2016.pdf).
[18] Gesetz v. 14.8.2017, BGBl I, 3122, 3153 f.: Die Altersgrenze für den Bezug von Leistungen nach dem Unterhaltsvorschussgesetz wurde von der Vollendung des 12. auf die Vollendung des 18. Lebensjahrs angehoben und die Höchstbezugsdauer von 72 Monaten wurde aufgehoben. Dazu BT-Drs. 18/11135, 159 ff.
[19] Dazu BT-Drs. 18/4897 (neu), 82. Vgl. auch die Rspr. des BSG zum Mehrbedarf für Alleinerziehende nach § 21 Abs. 3 SGB II bei einem paritätischen Wechselmodell (BSG NJW 2010, 1309 [1310 f.]) sowie zur temporären Bedarfsgemeinschaft zwischen umgangsberechtigtem Elternteil und Kind nach § 7 Abs. 3 Nr. 4 SGB II unter Berufung auf die besondere Förderpflicht des Staates nach Art. 6 Abs. 1 GG (BSG NJW 2010, 2381 [2382 Rn. 15]). Vgl. weiter *Hennemann* NZFam 2016, 825 (827 ff.); *Osthold* in Coester-Waltjen/Lipp/Schumann/Veit, Das Wechselmodell – Reformbedarf im Kindschaftsrecht? (erscheint 2018).
[20] Zu den Zusammenhängen zwischen Kindesunterhaltsrecht und Steuer-/Sozialrecht *Ott/Schürmann/Werding*, Schnittstellen im Sozial-, Steuer- und Unterhaltsrecht, 2012, 58 ff., 106 ff., 145 ff., 198 ff. Vgl. weiter *Scheiwe/Wersig* (Fn. 12) 81 ff.

Im Zentrum der Überlegungen zum Kindschaftsrecht steht jedoch die Elternverantwortung in Art. 6 Abs. 2 S. 1 GG. Dieses komplexe Grundrecht, das nicht nur Rechte, sondern auch Pflichten in Bezug auf die Pflege und Erziehung des Kindes postuliert,[21] setzt die Verantwortung der Eltern ins Verhältnis zum Kind und zum Staat.[22] Ausgangspunkt ist dabei das Recht der Eltern, „die Pflege und Erziehung ihrer Kinder nach ihren eigenen Vorstellungen frei zu gestalten".[23] Dieser Vorrang dient dem Schutz des Kindes, weil „in aller Regel Eltern das Wohl des Kindes mehr am Herzen liegt als irgendeiner anderen Person oder Institution".[24] Die Elternautonomie gilt unabhängig vom Zusammenleben der Eltern, sodass sie keine Einschränkung durch die Trennung der Eltern erfährt.[25] Allerdings darf der Staat in das Elternrecht eingreifen, wenn sich die Eltern nicht über die Ausübung der Elternverantwortung einigen können[26] oder der Eingriff aus anderen Gründen gerechtfertigt ist.[27] Des Weiteren leitet das BVerfG aus Art. 6 Abs. 2 S. 1 GG das Leitbild der gemeinsamen Sorge ab,[28] da diese „den Bedürfnissen des Kindes nach Beziehungen zu beiden Eltern entspricht und ihm verdeutlicht, dass beide Eltern gleichermaßen bereit sind, für das Kind Verantwortung zu tragen".[29] Dieses Leitbild bringt seit 1998 die Regelung des § 1671 Abs. 1 S. 1 BGB zum Ausdruck, wonach auch das dauerhafte Getrenntleben der Eltern nichts an der gemeinsamen Sorge ändert. Diesem Leitbild entsprechend haben inzwischen 96 % der geschiedenen Eltern die Sorge gemeinsam inne. Im Jahr 2013 hat der Gesetzgeber dieses Leitbild auch auf nicht miteinander verheiratete Eltern ausgedehnt (§ 1626a

---

[21] Art. 6 Abs. 2 S. 1 GG beinhaltet auch die Pflicht, die Elternverantwortung gegenüber dem Kind wahrzunehmen: BVerfGE 108, 82 (102) und BVerfGE 121, 69 (92 ff.) (zum Umgang) sowie BVerfGE 127, 132 (150) (zur Sorge). Dazu auch *Jestaedt* in 21. DFGT, 2016, 65 (72).
[22] Dazu BVerfGE 59, 360 (376 f.).
[23] St. Rspr. BVerfGE 24, 119 (143 f.); 31, 194 (204); 60, 79 (88). Dazu *Jestaedt* (Fn. 21) 65 (73 f.).
[24] BVerfGE 61, 358 (371). Dazu und zum historischen Kontext *Schumann* in Behrends/Schumann, Gesetzgebung, Menschenbild und Sozialmodell im Familien- und Sozialrecht, 2008, 169 (174 ff.).
[25] BVerfGE 61, 358 (374). IdS auch BT-Drs. 13/4899, 99 zur Elternverantwortung nach Trennung und Scheidung: „Der übereinstimmende Elternwille soll grundsätzlich verbindlich sein."
[26] BVerfG NJW 2015, 3366.
[27] BVerfGE 103, 89 (107 f.).
[28] Etwa BVerfGE 108, 82 (103): „Wenn Art. 6 Abs. 2 Satz 1 GG zuvörderst den Eltern die Verantwortung für das Kind überlässt, beruht dies auf der Erwägung, dass sie in gemeinsamer Ausübung dieser Verantwortung in aller Regel die Interessen ihres Kindes am besten wahrnehmen."
[29] BVerfGE 107, 150 (155). Das BVerfG stützt sich dabei auf sozialwissenschaftliche Studien.

Abs. 2 BGB).[30] Beide Prinzipien, die Elternautonomie einerseits und das Leitbild der gemeinsamen Sorge andererseits, lassen sich jedoch bei getrennt lebenden Eltern nicht immer in Einklang bringen. In diesen Fällen ist es Aufgabe des einfachen Rechts, zwischen beiden Prinzipien einen angemessenen Ausgleich zu schaffen. Sind sich die Trennungseltern hingegen einig, die Sorge gemeinsam auszuüben oder ein bestimmtes Betreuungsmodell zu praktizieren, dann dürfen ihnen keine unnötigen Hindernisse in den Weg gelegt werden.

Die Grenzen und Schranken des Elternrechts ergeben sich erstens aus dem staatlichen Wächteramt in Art. 6 Abs. 2 S. 2 GG, zweitens im Elternkonflikt aus dem Elternrecht des jeweils anderen Elternteils und drittens aus der wachsenden Selbständigkeit des Kindes. Bei einem Eingriff in das Elternrecht wird der Staat in zwei unterschiedlichen Funktionen tätig. Dabei ist zu berücksichtigen, dass die Schlichterfunktion (Staat als Schlichter im Elternkonflikt) in eine Wächterfunktion (Staat als Wächter zum Schutz des Kindes) umschlagen kann, wenn ein Elternkonflikt so eskaliert, dass das Wohl des Kindes gefährdet ist. Um die Abgrenzung zwischen Schlichter- und Wächteramt in Fällen des Elternkonflikts deutlich zu machen, hat *Osthold* vorgeschlagen, zwischen echter und unechter Schlichtungskonstellation zu differenzieren:[31] Führt der Elternkonflikt zu einer Kindeswohlgefährdung isd § 1666 BGB (unechte Schlichtungskonstellation), so handelt der Staat ab diesem Moment als Wächter (Art. 6 Abs. 2 S. 2 GG), wobei das Kindeswohl als Eingriffslegitimation in das Elternrecht dient.[32] Liegt hingegen eine echte Schlichtungskonstellation (Elternkonflikt unterhalb der Kindeswohlgefährdungsschwelle) vor, so darf der Staat keine eigene Sachentscheidung treffen, sondern nur die widerstreitenden Interessen zugunsten eines Elternteils entscheiden („relative Kindeswohlentscheidung" nach § 1697a BGB).[33] Der Eingriff in das Elternrecht des durch die gerichtliche Entscheidung zurückgesetzten Elternteils ist in diesen Fällen durch das Elternrecht des anderen Elternteils gerechtfertigt (verfassungsimmanente Schranke im Rahmen des Art. 6 Abs. 2 S. 1 GG).[34] Dass die „relative Kindeswohlentscheidung" nicht immer die optimale Lösung für das Kind darstellt, muss hingenommen werden,

---

[30] BT-Drs. 17/11048, 17 unter Bezugnahme auf BVerfGE 107, 150 (155). So auch BGHZ 211, 22 (26): „Daraus ergibt sich das gesetzliche Leitbild, dass grundsätzlich beide Eltern die gemeinsame elterliche Sorge für ein Kind tragen sollen, wenn keine Gründe vorliegen, die hiergegen sprechen [...]."
[31] *Osthold*, Die rechtliche Behandlung von Elternkonflikten, 2016, 199 ff., 209 ff.
[32] Zu den verfassungsrechtlichen Funktionen des Kindeswohls ausführlich *Osthold* (Fn. 31) 216 ff. Vgl. weiter *Coester*, Das Kindeswohl als Rechtsbegriff, 1983, 135 ff., 143 ff.; *Wapler*, Kinderrechte und Kindeswohl, 2015, 122 ff.
[33] BVerfG NJW 2003, 1031 f.; *Osthold* (Fn. 31) 214, 246 ff.
[34] BVerfGE 99, 145 (164). Dazu auch *Jestaedt* (Fn. 21) 65 (78 f.).

da unterhalb der Kindeswohlgefährdungsschwelle regelmäßig keine weitere Eingriffslegitimation des Staates besteht.[35] Diese Differenzierung ist auch im Verfahrensrecht zu beachten, sodass eine gerichtliche Entscheidung in echten Schlichtungskonstellationen zwingend ein Antragsverfahren voraussetzt, das den Beteiligten die Disposition über den Verfahrensgegenstand belässt.[36]

Bei einer Berücksichtigung der zunehmenden Selbständigkeit des Kindes geht es darum, einem den Vorstellungen der Eltern entgegenstehenden Kindeswillen angemessen Rechnung zu tragen. Bei jüngeren Kindern kann dies nur im Rahmen der Kindeswohlprüfung geschehen, während bei älteren Kindern auch andere Instrumente zur Verfügung stehen. So schlägt sich bereits nach geltendem Recht die zunehmende Selbständigkeit des Minderjährigen ab dem 14. Lebensjahr in einzelnen Rechten im Kindschaftsrecht und in den Kindschaftssachen nieder, allerdings fehlt bislang ein stimmiges Konzept, das den vom BVerfG entwickelten Gedanken vom „abschmelzenden Elternrecht" bei der Ausübung höchstpersönlicher Rechte durch den Minderjährigen hinreichend berücksichtigt.[37] Mit zunehmendem Alter des Kindes ist der Kindeswille nämlich nicht mehr nur als Teil des Kindeswohls zu begreifen,[38] vielmehr ist der Kindeswille (auch im Eltern-Kind-Konflikt) bei entsprechender Reife als Ausdruck der wachsenden Selbstbestimmung und des Persönlichkeitsrechts grundsätzlich zu respektieren.[39]

Das BVerfG leitet zudem aus dem Ordnungs- und Ausgestaltungsauftrag des Art. 6 Abs. 2 S. 1 GG einen Anspruch jedes Elternteils gegen den Staat ab, die Ausübung des Elternrechts auch zu gewährleisten.[40] Dabei sind drei Aspekte zu beachten: Erstens bezieht sich der Ausgestaltungsauftrag des Staates auf die gesamte Elternverantwortung, dh nicht nur auf das Recht, sondern auch auf die Pflicht

---

[35] St. Rspr. BVerfG NJW 2006, 1723 mwN.
[36] Dazu *Osthold* FamRZ 2017, 1643 ff., insb. 1645.
[37] BVerfGE 59, 360 (387 f.); *Jestaedt* (Fn. 21) 65 (72 f., 77) mit Hinweis darauf, dass das Wächteramt die äußere Grenze des Elternrechts bildet, während „die wachsende Selbstbestimmungsfähigkeit des Kindes gleichsam als innere Grenze der Elternverantwortung fungiert" (73).
[38] Zur Bedeutung des Kindeswillens im Rahmen des Kindeswohls *Osthold* (Fn. 31) 233 ff., 241 ff.
[39] Etwa BVerfG FamRZ 2018, 266 (268). Zur Problematik insgesamt *Wapler* (Fn. 32) 102 ff., 263 ff.
[40] BVerfG NJW 2015, 3366: „Das Elternrecht [...] bedarf der gesetzlichen Ausgestaltung. Weil das Elternrecht beiden Elternteilen zusteht, sind Regeln zu schaffen, die ihnen für den Fall, dass sie sich über die Ausübung der Elternverantwortung nicht einigen können, jeweils Rechte und Pflichten gegenüber dem Kind zuordnen. Dabei hat der Staat sicherzustellen, dass sich die Wahrnehmung des Elternrechts am Kindeswohl ausrichtet und bei der Ausübung der Elternverantwortung die Rechte des Kindes Beachtung finden [...]." Vgl. auch BVerfGE 84, 168 (179 f.).

zur Pflege und Erziehung des Kindes.[41] Zweitens kann die Ausgestaltung des Elternrechts in einen Eingriff umschlagen.[42] Drittens kann das Unterlassen einer Ausgestaltung des Elternrechts durch den Gesetzgeber verfassungswidrig sein. So hat das BVerfG im Jahr 2015 zwar zu Recht die Frage, ob der Gesetzgeber mit der Nichtregelung der Anordnung eines Wechselmodells als Regelfall seinem Gestaltungsauftrag in verfassungswidriger Weise nicht nachgekommen sei, verneint. Allerdings dürfte der Gesetzgeber seinen Gestaltungsauftrag verletzen, wenn er überhaupt kein normatives Angebot für eine geteilte Betreuung zur Verfügung stellt. In jedem Fall bedeutet die Entscheidung des BVerfG aber nicht, dass der Gesetzgeber keine Regelungen zur geteilten Betreuung erlassen darf, denn diese Möglichkeit hat das BVerfG ausdrücklich offengelassen.[43]

Auch wenn es selbstverständlich erscheint, soll zumindest kurz darauf hingewiesen werden, dass die zu Art. 6 Abs. 1 GG (Pflicht zur Förderung von Trennungsfamilien) und zu Art. 6 Abs. 2 GG (Ausgestaltung des Eltern-Kind-Verhältnisses) dargestellten Ausführungen grundsätzlich unabhängig vom Status der Eltern gelten,[44] wenngleich es zum Wohle des Kindes erforderlich sein kann, einzelne Bereiche für eheliche und nichteheliche Kinder unterschiedlich zu regeln.[45] Schließlich ist noch Art. 3 Abs. 2 GG zu beachten, denn von den alleinerziehenden Elternteilen sind ca. 85 % Mütter und das Armutsrisiko liegt bei Alleinerziehenden bei fast 42 % (das Armutsrisiko bei Paaren liegt hingegen nur bei ca. 10 %). Demzufolge beziehen Ein-Elternteil-Familien fünfmal häufiger SGB II-Leistungen als Paarfamilien.[46] Der Staat ist somit nicht nur aus Art. 6 Abs. 1 GG verpflichtet, Trennungsfamilien besonders zu fördern, sondern muss auch gemäß Art. 3 Abs. 2 S. 2 GG auf die Beseitigung bestehender Nachteile für Alleinerziehende hinwirken, solange es sich bei diesen typischerweise um Frauen handelt.[47]

2. Völkerrechtliche Vorgaben und Empfehlung des Europarats

Die Gewährleistungen des Art. 8 EMRK (iVm Art. 14 EMRK) und der einschlägigen Artikel der UN-Kinderrechtskonvention

---

[41] BVerfGE 121, 69 (LS 1): „Recht und Pflicht sind vom Gesetzgeber auszugestalten."
[42] BVerfGE 127, 132 (152). Vgl. weiter *Osthold* (Fn. 31) 189 ff.
[43] BVerfG NJW 2015, 3366.
[44] BVerfGE 106, 166 (176); 118, 45 (68); BGH FamRZ 2016, 887 (891 Rn. 40). Dazu auch Soergel/*Schumann* 3. Aufl. 2013 NehelLG Rn. 27 f. mwN aus der BVerfG-Rspr.
[45] BVerfGE 127, 132 (146 ff.); *Schumann* FamRZ 2000, 389 (391).
[46] Dazu insgesamt *Lenze/Funcke* (Fn. 17) 9 (die Zahlen beziehen sich auf das Jahr 2014) sowie → B 25.
[47] Darauf wurde auch explizit bei der Änderung des Unterhaltsvorschussgesetzes 2017 hingewiesen; BT-Drs. 18/11135, 78.

(Art. 3 Abs. 1 zum Kindeswohl; Art. 9 Abs. 3 zum Umgang; Art. 18 Abs. 1 zur gemeinsamen Sorge) lassen sich unterstützend für die Ausführungen zu den verfassungsrechtlichen Vorgaben (→ A.II.1) heranziehen.[48] Ebenso wie Art. 6 Abs. 1 und 2 GG gelten sie für alle Eltern-Kind-Verhältnisse, wobei der EGMR mit seiner Rechtsprechung in den letzten zwei Jahrzehnten vor allem die Verbesserung der Rechtsstellung nichtehelicher Kinder in der Bundesrepublik Deutschland vorangetrieben hat.[49] Des Weiteren ist auf eine Entscheidung des Österreichischen Verfassungsgerichtshofs zu Art. 8 EMRK von 2015 hinzuweisen: Nach der Rechtsprechung des Verfassungsgerichtshofs stellen die Regelungen des ABGB, die die Festlegung eines hauptsächlichen Aufenthalts des Kindes vorsehen, bei strikter Anwendung einen (nicht gerechtfertigten) Eingriff in das Recht auf Achtung des Familienlebens nach Art. 8 EMRK dar. Sie seien daher so auszulegen, dass sie der „elterlichen Vereinbarung einer zeitlich gleichteiligen Betreuung oder einer entsprechenden gerichtlichen Festlegung in jenen Fällen, in denen dies aus der Sicht des Gerichtes dem Kindeswohl am besten entspricht, nicht entgegenstehen".[50] Auch wenn die Entscheidung für das deutsche Recht nicht verbindlich ist, so überzeugt doch die Interpretation des Verfassungsgerichtshofs, dass das nationale Recht zur Vermeidung einer Verletzung von Art. 8 EMRK die Möglichkeit einer gerichtlichen Anordnung eines Wechselmodells in Fällen, in denen dieses dem Kindeswohl am besten entspricht, vorsehen muss.

Thematisch einschlägig ist auch die Resolution der Parlamentarischen Versammlung des Europarats vom 2.10.2015 *Equality and shared parental responsibility: the role of fathers*.[51] Diese gibt den Mitgliedstaaten auf, den Grundsatz der Doppelresidenz des Kindes nach Trennung der Eltern gesetzlich zu regeln, wobei sich die Zeitaufteilung zwischen den Eltern an den Bedürfnissen und Interessen des Kindes zu orientieren habe.[52] Demzufolge dürfte eine geteilte Betreuung regelmäßig nicht in Betracht kommen, wenn eine größere räumliche Distanz zwischen den Wohnsitzen der Eltern besteht oder es sich

---

[48] Dazu *Osthold* (Fn. 31) 288 ff. Zur völkerrechtskonformen Auslegung des Grundgesetzes im Lichte der UN-Kinderrechtskonvention auch BVerfG NJW 2015, 3366 (3367).

[49] Dazu *Schumann* in dies., Hierarchie, Kooperation und Integration im Europäischen Rechtsraum, 2015, 163 (171 ff., 178 ff., 211 f.).

[50] Österr. VfGH FamRZ 2016, 32 (34).

[51] Parliamentary Assembly, Resolution 2079 (2015) (http://assembly.coe.int/nw/xml/XRef/Xref-XML2HTML-EN.asp?fileid=22220).

[52] Ziff. 5.5: *introduce into their laws the principle of shared residence following a separation, limiting any exceptions to cases of child abuse or neglect, or domestic violence, with the amount of time for which the child lives with each parent being adjusted according to the child's needs and interests.*

um ein Kleinkind handelt. Des Weiteren wird in Ziff. 5.7 gefordert, dass die geteilte Betreuung bei der Vergabe von Sozialleistungen zu berücksichtigen sei, und nach Ziff. 5.11 soll Kindern bei der Festlegung des Aufenthaltes durch eine Elternvereinbarung ein Mitspracherecht eingeräumt werden. Schließlich ergibt sich aus Ziff. 5.9 iVm 5.11, dass Eltern durch Beratung und Mediation dazu motiviert werden sollen, eine Elternvereinbarung zur geteilten Betreuung und zu den weiteren wichtigen Folgefragen abzuschließen. Hinzuweisen ist aber auch noch auf Ziff. 5.4, wonach alle rechtlichen Eltern unabhängig vom Status der Elternbeziehung gleichbehandelt werden sollen.[53] Da die Resolution eine Maßnahme der Gleichstellungspolitik ist, wird in ihr nicht zu Unrecht ein Paradigmenwechsel von einem kindes- zu einem elternzentrierten Kindschaftsrecht gesehen.[54] Tatsächlich scheint die Resolution das Wechselmodell als Regelbetreuungsmodell vorzugeben oder zumindest nahezulegen, dass es sich bei der geteilten Betreuung um die dem Kindeswohl am besten entsprechende Betreuungsform handle.[55] Allerdings ist die Resolution nicht rechtsverbindlich, sondern hat eher die Qualität einer Empfehlung.[56]

III. Rechtstatsachen und interdisziplinäre Aspekte

1. Wahrnehmung der Elternverantwortung

Obwohl mehrere aktuelle Studien zu Trennungsfamilien vorliegen,[57] sind die vorhandenen Daten für viele wichtige Fragen nur begrenzt aussagekräftig (nicht zuletzt auch deshalb, weil den Studien und Statistiken teilweise unterschiedliche Erhebungsansätze und -zeiträume zugrunde liegen). So lässt sich bereits die Zahl der minderjährigen Kinder aus Trennungsfamilien anhand der Daten des Statistischen Bundesamtes nicht ermitteln. Zwar leben rund 2,3 Mio. minderjährige Kinder bei einem alleinerziehenden Elternteil[58] (dies

---

[53] Ziff. 5.4: *remove from their laws any difference based on marital status between parents who have acknowledged their child.*
[54] So *Löhnig* NZFam 2016, 817.
[55] So *Balomatis* NZFam 2016, 833.
[56] Dazu auch *Damljanovic*, Das Wechselmodell, Geltendes Recht und Reformbedarf, 2016, 103.
[57] Zu nennen sind die Studie von *Lenze/Funcke* (Fn. 17), die Allensbach-Studie (Fn. 1) und mehrere Publikationen, die auf dem DJI-Survey AID:A („Aufwachsen in Deutschland: Alltagswelten") beruhen.
[58] Überwiegend wird unter „alleinerziehend" ein Elternteil verstanden, der mit mind. einem eigenen Kind und ohne Partner in einem Haushalt lebt. Dazu *Bastin* in Huinink/Kreyenfeld/Trappe, Familie und Partnerschaft in Ost- und Westdeutschland, Sonderheft 9/2012 der Zeitschrift für Familienforschung, 2012, 201 (208). Zur Problematik auch *Ott/Hancioglu/Hartmann*, Dynamik der Familienform „alleinerzie-

entspricht etwa 18% aller minderjährigen Kinder),[59] nicht erfasst sind jedoch diejenigen Kinder getrennt lebender Eltern, bei denen der betreuende Elternteil in einer neuen Paarbeziehung lebt: Die Phase der Ein-Elternteil-Familie stellt nämlich für die meisten Trennungskinder nur eine Übergangszeit dar, denn mehr als die Hälfte aller Alleinerziehenden beendet diese Phase durch das Zusammenziehen mit einem neuen Partner.[60] Allerdings ist auch die Datenlage zu Stieffamilien unbefriedigend, da der Anteil der Stieffamilien mit 7% bis 13% aller Familien in Deutschland angegeben wird.[61] Daher dürfte der Anteil von Trennungskindern in Deutschland derzeit bei mind. 25% aller Kinder (und vermutlich sogar höher) liegen.

Besonders schlecht ist die Datenlage zu nichtehelichen Kindern, obwohl der bundesweite Anteil nichtehelich geborener Kinder inzwischen bei 35% liegt und der Anteil der Trennungseltern, die nie miteinander verheiratet waren, etwa genauso groß ist.[62] Nach der Studie „Gemeinsames Sorgerecht nicht miteinander verheirateter Eltern", die im Auftrag des BMJ durch Befragung von gut 1.000 Eltern in den Jahren 2009/2010 durchgeführt wurde,[63] lebten zum Zeitpunkt der Geburt des Kindes 77,2% der nicht miteinander verheirateten Eltern zusammen und weitere 11,5% der Eltern führten eine Partnerschaft ohne gemeinsamen Haushalt.[64] Dabei ist zu be-

---

hend", 2011, 4f., 7f. (http://www.bmas.de/SharedDocs/Downloads/DE/PDF-Publikationen/fb421-dynamik-alleinerziehend.pdf?__blob=publicationFile).
[59] *Bundesinstitut für Bevölkerungsforschung*, Immer mehr Kinder wachsen bei Alleinerziehenden auf, Pressemitteilung v. 17.5.2017 (https://www.bib.bund.de/DE/Service/Presse/2017/pdf/2017-05-immer-mehr-Kinder-wachsen-bei-Alleinerziehenden-auf.pdf). 83% der minderjährigen Kinder haben vor der Trennung der Eltern mit beiden Elternteilen zusammengelebt und lediglich 8% der Kinder haben mit beiden Eltern nie eine Familie gebildet (bei den restlichen 9% ist der andere Elternteil verstorben). Dazu *Entleitner-Phleps/Langmeyer* in Walper/Bien/Rauschenbach, Aufwachsen in Deutschland heute, Erste Befunde aus dem DJI-Survey AID:A 2015, 2015, 34 (35) (https://www.dji.de/fileadmin/user_upload/bibs2015/DJI_AIDA_gesamt_v03.pdf).
[60] Dazu *Ott/Hancioglu/Hartmann* (Fn. 58) 17f. Vgl. weiter *Bastin* (Fn. 58) 201 (210ff.); *Walper* (Fn. 10) 99 (100).
[61] Dazu *BMFSFJ*, Stief- und Patchworkfamilien in Deutschland, Monitor Familienforschung 31, 2013, 9ff. (https://www.bmfsfj.de/blob/76242/1ab4cc12c386789b943fc7e12fdef6a1/monitor-familienforschung-ausgabe-31-data.pdf).
[62] *Statistisches Bundesamt* (Destatis), Fachserie 1 Reihe 1.1, Bevölkerung und Erwerbstätigkeit, Natürliche Bevölkerungsbewegung 2015, 2017, 21 (https://www.destatis.de/DE/Publikationen/Thematisch/Bevoelkerung/Bevoelkerungsbewegung/Bevoelkerungsbewegung2010110157004.pdf?__blob=publicationFile); *Institut für Demoskopie Allensbach* (Fn. 1) 9.
[63] Zur Studie ausführlich *Langmeyer*, Sorgerecht, Coparenting und Kindeswohl: Eltern Sein in nichtehelichen Lebensgemeinschaften, 2015, 53ff.
[64] Dazu *Walper/Langmeyer* in Coester-Waltjen/Lipp/Schumann/Veit, Reformbedarf im nichtehelichen Eltern-Kind-Verhältnis, 2012, 37 (46). Vgl. weiter *Langmeyer* (Fn. 63) 71ff.

rücksichtigen, dass in Ostdeutschland die nichteheliche Lebensgemeinschaft bei der Geburt des ersten Kindes die häufigste Lebensform ist, während in Westdeutschland zwei Drittel aller Eltern bei der Geburt des ersten Kindes verheiratet sind.[65] Im Vergleich zu ehelichen Familien sind nichteheliche Familien in Westdeutschland weniger stabil, während es in Ostdeutschland genau umgekehrt ist.[66] Aufgrund der statistischen Erfassung der gemeinsamen Sorge nach § 99 Abs. 6a SGB VIII ist die Anzahl der abgegebenen Sorgeerklärungen (§ 1626a Abs. 1 Nr. 1 BGB) und seit 2013 auch die Anzahl der Entscheidungen, die zur Übertragung der elterlichen Sorge geführt haben (§ 1626a Abs. 2 BGB), bekannt.[67] Trotz dieser Erfassung ist aber nicht bekannt, wie hoch der Anteil nicht miteinander verheirateter Eltern mit gemeinsamer Sorge insgesamt ist und wie sich dieser Anteil auf zusammenlebende und getrennt lebende Eltern verteilt. Setzt man die Anzahl der Eltern, die die gemeinsame Sorge innerhalb eines Jahres begründen, ins Verhältnis zu den im selben Jahr geborenen nichtehelichen Kindern, so beträgt diese Quote knapp 70 %.[68] Auch wenn die Abgabe von Sorgeerklärungen bis zur Volljährigkeit des Kindes möglich ist, dürfte die große Mehrzahl der Sorgeerklärungen zeitnah zur Geburt des Kindes abgegeben werden.[69] Dies bedeutet aber auch, dass bis zu 20 % aller nicht miteinander verheirateten Eltern, die eine Partnerschaft führen, die gemeinsame Sorge nicht begründen,[70] obwohl in diesen Fällen davon

---

[65] *Bastin/Kreyenfeld/Schnor*, Diversität von Familienformen in Ost- und Westdeutschland, MPIDR Working Paper WP 2012-001, 14 f. (http://www.demogr.mpg.de/papers/working/wp-2012-001.pdf).

[66] *Bastin/Kreyenfeld/Schnor* (Fn. 65) 18 ff.

[67] *Statistisches Bundesamt* (Destatis), Statistiken der Kinder- und Jugendhilfe, Pflegschaften, Vormundschaften […], 2016, 2017, 7: Es wurden 190.784 Sorgeerklärungen abgegeben, während eine Entscheidung durch das Familiengericht in 1.228 Fällen vorlag (https://www.destatis.de/DE/Publikationen/Thematisch/Soziales/KinderJugendhilfe/PflegeVormundBeistandschaftPflegeerlaubnis5225202167004.pdf?__blob=publicationFile).

[68] Eigene Berechnungen für das Jahr 2016: Es wurden 281.262 Kinder nichtehelich geboren (*Statistisches Bundesamt* [Destatis], Natürliche Bevölkerungsbewegung, Lebendgeborene und Gestorbene 2016; https://www.destatis.de/DE/ZahlenFakten/GesellschaftStaat/Bevoelkerung/Geburten/Tabellen/LebendgeboreneGestorbene.html) und bei rund 192.000 Kindern begründeten im selben Jahr die Eltern die gemeinsame Sorge (Fn. 67); dies entspricht einer Quote von fast 70 %. Zur Problematik auch *Langmeyer* (Fn. 63) 31 f. (danach ist die Quote seit 2004 von 45 % auf fast 70 % gestiegen).

[69] Dazu *Langmeyer/Walper* in Jurczyk/Walper, Gemeinsames Sorgerecht nicht miteinander verheirateter Eltern, 2013, 123 (152 f.).

[70] Ein weiterer Unsicherheitsfaktor besteht darin, dass mehr als 20 % aller Eltern nach der Geburt des Kindes die Ehe miteinander schließen, wobei auch in diesen Fällen nicht bekannt ist, wie viele Eltern vor der Eheschließung Sorgeerklärungen abgegeben und wie viele erst durch die Eheschließung die gemeinsame Sorge nach § 1626a

ausgegangen werden kann, dass die Väter ihre Elternverantwortung gegenüber dem Kind wahrnehmen. Insgesamt lässt die Datenlage trotz der genannten Unsicherheiten den Schluss zu, dass bei nichtehelichen Kindern der Anteil von Trennungseltern, die kein gemeinsames Sorgerecht haben, deutlich größer sein muss als bei ehelichen Kindern nach Scheidung der Eltern (gemeinsame Sorge in 96 % aller Fälle).[71]

Dies ist deshalb von Bedeutung, weil seit Langem bekannt ist, dass die Kontakte zwischen dem Kind und dem umgangsberechtigten Elternteil deutlich häufiger abbrechen, wenn dieser nicht an der Sorge beteiligt ist.[72] Selbst bei gerichtlich „verordneter" gemeinsamer Sorge (Zurückweisung des Antrags eines Elternteils auf Alleinsorge) haben umgangsberechtigte Elternteile deutlich häufiger Kontakt zum Kind als bei Alleinsorge des anderen Elternteils; auch Kontaktabbrüche sind in diesen Fällen deutlich geringer.[73] *Proksch* folgert daraus, dass auch die gegen den Willen eines Elternteils bestehende gemeinsame Sorge vermutlich „strukturell positive Wirkungen zur Förderung des Kindeswohls" habe.[74] So ist der Anteil von Kontaktabbrüchen zwischen Kind und umgangsberechtigtem Elternteil bei Alleinsorge des betreuenden Elternteils fast fünfmal so hoch wie bei gemeinsamer Sorge: Nach der 2004 erschienenen Studie von *Amendt* waren *Trennungsväter ohne Kontakt zum Kind* nur in 16,8 % der Fälle gemeinsam mit der Mutter sorgeberechtigt, während 82 % dieser Väter nicht an der Sorge beteiligt waren. Von den *Vätern, die selten Kontakt zum Kind hatten*, waren 37,2 % an der Sorge und 62,3 % nicht an der Sorge beteiligt.[75]

Eine vergleichbar große Abhängigkeit von der Sorgerechtsregelung zeigt sich auch bei der Kontakthäufigkeit: Nach einer aktuellen Studie haben bei gemeinsamer Sorge 69 % der extern lebenden Elternteile

---

Abs. 1 Nr. 2 BGB erworben haben. Dazu *Walper/Langmeyer/Schutter* in Jurczyk/Walper (Fn. 69), 345 (349).

[71] Nach Angaben des Statistischen Bundesamtes für 2013 (Fn. 2) blieb das Sorgerecht in 63.425 durchgeführten Scheidungsverfahren bei beiden Elternteilen. Lediglich in 2.808 Verfahren wurde das Sorgerecht vom Familiengericht auf einen Elternteil übertragen, wobei dies in fast drei Vierteln aller Fälle die Mutter war.

[72] Väter, die mit der Mutter nicht verheiratet waren, haben nach einer Trennung idR weniger Kontakt zu ihren Kindern als Väter ehelicher Kinder. Dazu *Walper* (Fn. 10) 99 (103). Vgl. auch *Marten*, Zwischen Sorgerecht und Unterhaltspflicht, Determinanten väterlichen Sorgehandelns in Nachtrennungsfamilien an den Beispielen von Deutschland, Großbritannien und Norwegen, 2008, 26.

[73] Dazu *Proksch*, Rechtstatsächliche Untersuchung zur Reform des Kindschaftsrechts, Begleitforschung zur Umsetzung des Kindschaftsrechtsreformgesetzes, 2002, 140 ff.

[74] *Proksch* (Fn. 73) 143.

[75] *Amendt*, Scheidungsväter, 2004, 212. Vgl. auch die Daten von 2001 bei *Meckling*, Die gemeinsame Trennungssorge, Eine rechtshistorische und gesetzessystematische Betrachtung eines neuen Rechtsinstituts, 2009, 328 f.

häufig, 25% selten und nur 6% keinen Kontakt zum Kind;[76] bei Alleinsorge des betreuenden Elternteils haben umgangsberechtigte Elternteile in 34% der Fälle häufig, in 32% der Fälle selten und in 34% der Fälle keinen Kontakt zum Kind.[77] Ein gemeinsames Sorgerecht steht somit in Zusammenhang mit einer intensiveren Beziehung zwischen dem Kind und dem extern lebenden Elternteil sowie einer besseren Coparenting-Allianz der Eltern,[78] wenngleich bzgl. des Ursache-Wirkung-Verhältnisses noch Forschungsbedarf besteht.[79] Bei fehlender gemeinsamer Sorge dürfte jedoch die Bereitschaft des betreuenden Elternteils, zum Wohle des Kindes mit dem anderen Elternteil zu kooperieren, von vornherein geringer ausfallen. Zu beachten ist allerdings auch, dass allein die „Kontakthäufigkeit des getrennt lebenden leiblichen Vaters nicht mit einem höheren allgemeinen kindlichen Wohlbefinden einher[geht]". Stattdessen „findet sich ein bedeutsamer Zusammenhang zwischen den Aktivitäten, die mit dem Kind unternommen werden, und dem kindlichen Wohlbefinden. Weniger die Quantität als vielmehr die Qualität der gemeinsamen Zeit scheint also ausschlaggebend für die Kinder zu sein – ein Befund, der für unterschiedliche Altersgruppen der Kinder robust bestätigt wurde".[80] Bei starken Elternkonflikten haben häufigere Kontakte des Kindes zum umgangsberechtigten Elternteil sogar eher negative Effekte auf die Verhaltensentwicklung.[81] Ein über längere Zeit gegen den Willen des Kindes erzwungener Umgang verschlechtert regelmäßig die Beziehung des Kindes zum extern lebenden Elternteil und führt im Erwachsenenalter nicht selten zu einem Kontaktabbruch.[82]

---

[76] Nicht ganz klar ist, was unter „seltenem Kontakt" bzw. „häufigem Kontakt" zu verstehen ist. Zur Abgrenzung von üblichem und häufigem Umgang bestehen allerdings auch in Rspr. und Lehre unterschiedliche Auffassungen: So geht der BGH (NJW 2006, 2258 [2259]; NJW 2007, 1882 [1884]) davon aus, dass ein nach „üblichen Maßstäben gestaltetes Umgangsrecht" mit „einem oder zwei Wochenendbesuchen im Monat" bzw. 5–6 Tagen pro Monat anzusetzen ist. Deutlich weiter definieren *Hennemann* NJW 2017, 1787 und *Koch* FuR 2016, 265 den „typischen" bzw. „normalen" Umgang und kommen auf etwa ein Viertel bis ein Drittel aller Tage im Jahr. Hingegen nimmt der BGH (NJW 2007, 1882 ff.; NJW 2006, 2258 [2259]; NJW 2014, 1958 [1962]) bei einem Mitbetreuungsanteil von ca. einem Drittel einen „deutlich erweiterten Umgang" an. Vgl. weiter *Damljanovic* (Fn. 56) 21 f.
[77] Dazu *Entleitner-Phleps/Langmeyer* (Fn. 59) 34 (35). Vgl. weiter *Gebur*, Erziehung im Wechselmodell, 2014, 15 f.
[78] Dazu *Entleitner-Phleps/Langmeyer* (Fn. 59) 34 (36); *Meckling* (Fn. 75) 325 ff.; *Marten* (Fn. 72) 201 f.
[79] Vgl. dazu *Walper* (Fn. 10) 99 (104 f.); aber auch *Zimmer*, Das Sorge- und Umgangsrecht im Lichte der Kindschaftsrechtsreform, 2011, 43 f.
[80] *Walper* (Fn. 10) 99 (106) mwN. So auch *Salzgeber* FamRZ 2015, 2018 (2023); ders./*Bublath* NZFam 2016, 837 (838); *Kostka* Streit 2014, 147 (148 ff.).
[81] *Walper* in 16. DFGT, 2006, 100 (107 f., 117 f., 120 ff.).
[82] *Kostka* FPR 2005, 89 (93 f.); *Balloff*, Kinder vor dem Familiengericht, 2. Aufl. 2014, 254.

In begrenztem Umfang erlauben die Daten zur Kontakthäufigkeit auch Rückschlüsse auf die Frage, welche Betreuungsmodelle Trennungseltern praktizieren. Obwohl viele sozialwissenschaftliche und psychologische Studien auch asymmetrische Betreuungsmodelle einbeziehen, ist der Anteil der Trennungsfamilien, die eine geteilte Betreuung praktizieren, eher gering.[83] Die meisten Studien und Schätzungen gehen davon aus, dass der Anteil der Eltern, die ein Wechselmodell praktizieren, derzeit bei max. 16 % (vermutlich aber eher unter 10 %) liegt.[84] Auch nach der aktuellen Allensbach-Studie betreuen nur 15 % der Trennungseltern – unter Einbeziehung asymmetrischer Betreuungsmodelle – ihre Kinder im Wechsel.[85] Da nach einer Trennung etwa zwei Drittel aller Kinder ganz überwiegend oder ausschließlich von einem Elternteil betreut werden,[86] dürfte bei weiteren ca. 15 % aller Kinder ein erweiterter Umgang mit einem Betreuungsanteil des extern lebenden Elternteils im Umfang von bis zu 30 % vorliegen. Nehmen bei einer Mitbetreuung von 30 % beide Elternteile Erziehungsaufgaben wahr und sind beide für Schule, Freizeitaktivitäten und soziale Kontakte des Kindes gleichermaßen zuständig, dann sollte nicht mehr von einem erweiterten Umgang, sondern von einer geteilten Betreuung gesprochen werden.[87] Da jedoch ca. zwei Drittel aller Trennungsfamilien in Deutschland noch das Residenzmodell praktizieren und ca. 85 % der Alleinerziehenden Frauen sind,[88] hat sich die Mehrheit der Trennungseltern noch nicht von der klassischen Rollenaufteilung verabschiedet und folgt im Falle der Trennung dem Prinzip „einer zahlt und eine betreut".[89] Allerdings lässt sich der Trend zu einer egalitäreren Rollenverteilung und damit verbunden zu einer stärkeren Aufteilung der Betreuung ebenfalls nachweisen.[90] Schließlich wünscht sich auch die Mehrheit aller Trennungskinder häufigere oder längere Kontakte zum umgangsberechtigten Elternteil.[91]

---

[83] *Walper* (Fn. 10) 99 (124).
[84] Vgl. auch *Damljanovic* (Fn. 56) 23, 37.
[85] *Institut für Demoskopie Allensbach* (Fn. 1) 25 ff.
[86] *Institut für Demoskopie Allensbach* (Fn. 1) 11 ff.
[87] So auch *Frigger* (Fn. 7) 8. Zum fließenden Übergang zwischen erweitertem Umgang und Mitbetreuung auch *Sünderhauf* (Fn. 8) 75 f. Nach den *Empfehlungen des Vorstands* in 22. DFGT, 2017, 135 (A.I.2c) = FamRZ 2018, 86 besteht ein erweiterter Umgang ab einem Betreuungsanteil von mehr als 25 %.
[88] *Walper* (Fn. 10) 99 (100) (für 2014); *Institut für Demoskopie Allensbach* (Fn. 1) 10 f. (für 2016/2017).
[89] So der Titel des Sammelbandes von *Scheiwe/Wersig*, Einer zahlt und eine betreut?, Kindesunterhalt im Wandel, 2010.
[90] *Institut für Demoskopie Allensbach* (Fn. 1) 15 ff.; *Walper* (Fn. 10) 99 (100 f.); *Kindler/Walper* NZFam 2016, 820 f.
[91] Dazu *Frigger* (Fn. 7) 35 f. mwN.

Nationale und internationale Studien gehen daher zunehmend der Frage nach, unter welchen Bedingungen eine geteilte Betreuung dem Kindeswohl entspricht. Auch hier ist zu berücksichtigen, dass ein Teil dieser Studien bei einem Mitbetreuungsanteil von 30% ansetzt, während sich andere Studien auf ein paritätisches Wechselmodell beziehen.[92] Weitgehende Einigkeit besteht darüber, dass ein paritätisches Wechselmodell bei Kleinkindern bis zum Alter von 3–4 Jahren regelmäßig im Widerspruch zu den Bedürfnissen des Kindes „nach konstanten familiären Beziehungen und (emotionaler) Sicherheit im Kontext der Bindungsentwicklung" steht.[93] Bei älteren Kindern spielt hingegen der Wille des Minderjährigen eine zentrale Rolle, sodass jedenfalls bei Jugendlichen ein ständiger Wechsel nicht gegen den Willen des Kindes praktiziert werden sollte.[94] Aber auch bei jüngeren Kindern erhöht die Einbindung der Wünsche des Kindes die Zufriedenheit mit der geteilten Betreuung.[95] Gegen eine geteilte Betreuung spricht eine größere räumliche Distanz zwischen den Wohnsitzen der Eltern, weil dann die Wechsel für das Kind mit erheblichem (zeitlichen) Aufwand verbunden sind und dies zu einer starken Einschränkung im Hinblick auf andere Aktivitäten und soziale Kontakte führen kann. Schließlich steht eine geteilte Betreuung auch in Hochkonfliktfamilien regelmäßig dem Wohl des Kindes entgegen.[96] *Damljanovic* nennt in ihrer Dissertation unter Auswertung mehrerer nationaler und internationaler Studien folgende Faktoren für eine gelingende Betreuung im paritätischen Wechselmodell: Auf Seiten der Eltern seien deren Kooperationsbereitschaft und -fähigkeit (einschließlich der Bereitschaft zu häufigen Absprachen und eines angemessenen Umgangs mit Konflikten), kindeswohlorientierte Motive bei der Entscheidung für das Wechselmodell und die Betreuung des Kindes durch beide Eltern vor der Trennung förderlich. Auf Seiten des Kindes sollten ein Mindestalter von 4 Jahren, stabile Beziehungen zu beiden Eltern und die Berücksichtigung des Kindeswillens vorliegen. Als äußere Rahmenbedingungen seien die räumliche Nähe und die kindgerechte Ausstattung der Elternwohnungen sowie die Bereitschaft zur flexiblen Anpassung der Betreuungszeiten an veränderte Lebensumstände auf Seiten der Eltern und des Kindes zu verlangen.[97]

---

[92] Dazu *Walper* (Fn. 10) 99 (108). Vgl. auch *Damljanovic* (Fn. 56) 54 ff., 62.

[93] *Walper* (Fn. 10) 99 (119 f.). So auch *Salzgeber/Bublath* NZFam 2016, 837 (838 f.); *Kostka* Streit 2014, 147 (156 f.). Allerdings wird weiterer Forschungsbedarf angemahnt (so *Kindler/Walper* NZFam 2016, 820 [822]), zumal ein Nestmodell auch bei einem Kleinkind denkbar wäre.

[94] Im Übrigen kann die geteilte Betreuung aber auch bei Jugendlichen dem Kindeswohl dienen. Dazu *Walper* (Fn. 10) 99 (111, 116 f.) mwN.

[95] Dazu *Damljanovic* (Fn. 56) 66 f.

[96] Dazu *Damljanovic* (Fn. 56) 62 f., 67 f.; *Kostka* FPR 2006, 271 (273 f.).

[97] Hierzu insgesamt *Damljanovic* (Fn. 56) 69 f.

2. Ökonomische Situation von Trennungsfamilien

Das Armutsrisiko von Alleinerziehenden liegt bei fast 42% (das Armutsrisiko von Paaren mit 1–2 Kindern hingegen nur bei ca. 10%) und die Hälfte aller Kinder, die SGB II-Leistungen beziehen, leben in Alleinerziehenden-Haushalten (obwohl diese nur ca. 20% aller Haushalte mit Kindern ausmachen). Eine Ursache hierfür ist darin zu sehen, dass die Hälfte aller Alleinerziehenden keinen Kindesunterhalt vom anderen Elternteil erhält und bei der anderen Hälfte der geleistete Kindesunterhalt nur in 50% der Fälle den Mindestunterhalt abdeckt.[98] Während der Mitbetreuungsanteil von Vätern im Kindschafts-, Sozial- und Steuerrecht nicht hinreichend abgebildet wird, leiden die überwiegend betreuenden Mütter typischerweise darunter, dass nur in 25% aller Fälle der Mindestunterhalt des Kindes gedeckt ist. Auch dieser Umstand dürfte dazu beitragen, dass alleinerziehende Mütter durchschnittlich eine 30-Stunden-Woche haben und damit fünf Stunden pro Woche mehr arbeiten als Mütter in Paarhaushalten.[99] In vielen Fällen verschärfen daher die sozioökonomische Situation und die Verringerung des Lebensstandards die mit der Trennung ohnehin verbundenen Schwierigkeiten für die Kinder.[100] Ungeachtet der genderspezifischen Komponente belegt die Einkommenssituation von Trennungsfamilien aber auch, dass eine Reform des Unterhaltsrechts ohne Verbesserung der sonstigen sozioökonomischen Rahmenbedingungen, insb. im Sozial- und Steuerrecht, dazu führen könnte, dass sich nur gut verdienende Eltern eine geteilte Betreuung leisten können. Zudem ist die Schaffung flexibler und familienfreundlicher Arbeitsbedingungen nötig (Anspruch auf Reduzierung und ggf. spätere Erhöhung der Arbeitszeit), damit Eltern das Betreuungsmodell auch an die Bedürfnisse des Kindes anpassen können.[101]

Des Weiteren gibt es einen Zusammenhang zwischen der Häufigkeit des Kontaktes des Kindes zum extern lebenden Elternteil sowie dessen Bereitschaft zur Zahlung von Kindesunterhalt.[102] Auch in Trennungsfamilien mit geteilter Betreuung besteht eine deutlich hö-

---

[98] Dazu insgesamt *Lenze/Funcke* (Fn. 17) 9f. (für das Jahr 2014). Zur Problematik auch *Scheiwe/Wersig* (Fn. 12) 37 ff. (die Daten dort sind etwas älter), 39 ff.

[99] Dazu *Lenze/Funcke* (Fn. 17) 9f. In fast 70% aller Fälle ist der Vater und in nur 7% aller Fälle die Mutter barunterhaltspflichtig; *Institut für Demoskopie Allensbach* (Fn. 1) 45. Zum Erwerbsstatus, zum Umfang der Erwerbstätigkeit und zur wirtschaftlichen Situation alleinerziehender Frauen *Ott/Hancioglu/Hartmann* (Fn. 58) 29 ff., 42 ff.

[100] Dazu *Walper* FPR 2005, 86 (88); *Zimmer* (Fn. 79) 39.

[101] Dazu insgesamt *Lenze/Funcke* (Fn. 17) 10 ff.; *Walper* (Fn. 10) 99 (112).

[102] *Kostka* FPR 2005, 89 (92); *Marten* (Fn. 72) 25 f. Vgl. auch *Forsa*, Unterhaltszahlungen für minderjährige Kinder in Deutschland, 2002, 132.

here Bereitschaft zur Zahlung von Barunterhalt als in Familien mit Alleinsorge eines Elternteils.[103] Nach *Walper* sind häufigere Kontakte und regelmäßige Zahlung des Barunterhalts Teilaspekte eines steigenden Engagements getrennt lebender Väter. Insofern könnte eine stärkere Einbindung von Vätern in die Mitbetreuung und die Berücksichtigung dieser Mitbetreuung bei der Barunterhaltspflicht sich auch auf das väterliche Erziehungsverhalten förderlich auswirken und damit positive Effekte für das Kindeswohl haben.[104]

IV. Rechtsvergleich zur geteilten Betreuung

In den meisten Rechtsordnungen Westeuropas und der USA sowie in Australien sind Regelungen zur geteilten Betreuung im Kindschaftsrecht verankert (neben dem BGB regelt insb. das ABGB ausschließlich das Residenzmodell).[105] Sofern sich die Eltern nicht auf ein Betreuungsmodell einigen können, kann die geteilte Betreuung in vielen Ländern auch gegen den Willen eines Elternteils gerichtlich angeordnet werden, wenn diese dem Wohl des Kindes bzw. dessen Willen entspricht.[106] Zu nennen sind etwa Belgien,[107] England,[108]

---

[103] Dazu *Frigger* (Fn. 7) 34 f. mwN.

[104] Dazu insgesamt *Walper* (Fn. 10) 99 (103, 106). Vgl. auch *Marten* (Fn. 72) 125 zu entsprechenden Anreizen in Norwegen. Auch hierzu besteht noch Forschungsbedarf.

[105] Dazu *Kerschner/Sagerer-Foric* in Kaiser/Schnitzler/Friederici/Schilling, BGB Familienrecht, 3. Aufl. 2014, Österreich Rn. 103 f. Vgl. aber auch zur Rspr. des Österr. VfGH s. Fn. 50.

[106] Einen Überblick geben: *Hammer* FamRZ 2015, 1433 (1434); *Balomatis* NZFam 2016, 833 (834 ff.); *Dethloff/Kaesling* FamRZ 2018, 73 f.; *Damljanovic* (Fn. 56) 71 f.; *Deutscher Bundestag, Wissenschaftliche Dienste*, Ausarbeitung v. 24.6.2015, WD 9 – 3000 – 035/15, 16 ff. (https://www.bundestag.de/blob/425666/1b4e32f103721f5674033080aed83631/wd-9-035-15-pdf-data.pdf).

[107] 2006 wurde in Art. 374 § 2 Code civil belge der gleichmäßige Aufenthalt des Kindes (*hébergement égalitaire*) eingeführt. Sofern die Eltern keine einvernehmliche Regelung treffen, muss das Gericht auf Antrag eines Elternteils die Möglichkeit einer geteilten Betreuung vorrangig prüfen, wobei bei der Entscheidung neben den Umständen des Einzelfalles die Belange des Kindes und der Eltern zu berücksichtigen sind. Dazu *Deutscher Bundestag, Wissenschaftliche Dienste* (Fn. 106) 19 ff.; *Nikolina*, Divided Parents, Shared Children, Legal Aspects of (Residential) Co-Parenting in England, Netherlands and Belgium, 2015, 140 f. (vgl. auch zum niederländischen Recht, ebd., 106 ff.).

[108] Seit dem *Children and Families Act 2014* gilt die gesetzliche Vermutung, dass eine Beteiligung des extern lebenden Elternteils am Leben des Kindes dem Kindeswohl dient. Allerdings kann die Beteiligung auf irgendeine Weise (also auch im Rahmen einer Umgangsregelung) sichergestellt werden. Daher besteht gerade keine Präferenz für eine geteilte Betreuung. Dazu *Scherpe/Sloan* FamRZ 2015, 1547 (1549 f.); *dies.* FamRZ 2013, 1469 (1471); *Deutscher Bundestag, Wissenschaftliche Dienste* (Fn. 106) 22 f. Zur Entwicklung der *shared residence* im englischen Recht *Nikolina* (Fn. 107) 47 ff., 66 ff.

Frankreich, Italien,[109] Norwegen,[110] die Schweiz,[111] Spanien,[112] Tschechien,[113] Schweden und Australien.[114] Beispielhaft sei hier das französische Recht kurz vorgestellt: Nach Art. 373-2-9 Abs. 1 Code civil kann der Aufenthalt des Kindes entweder bei beiden Eltern abwechselnd (aber nicht notwendig paritätisch) oder bei einem Elternteil gerichtlich angeordnet werden, sofern die Eltern nicht durch Vereinbarung die Modalitäten der Ausübung der Sorge festgelegt haben. Die Elternvereinbarung ist auf Antrag vom Familiengericht zu genehmigen, sofern sie nicht dem Kindeswohl widerspricht (Art. 373-2-7 Code civil). Auf Antrag eines Elternteils oder bei einem Elternkonflikt kann das Familiengericht nach Art. 373-2-9 Abs. 2 Code civil eine geteilte Betreuung zunächst für

---

[109] Art. 337-ter Abs. 2 Codice civile sieht das Leitbild der gemeinsamen Sorge vor, die der Richter vorrangig zu prüfen hat (eine davon abweichende Anordnung der Alleinsorge ist zu begründen, Art. 337-quater Abs. 1 Codice civile). Die Entscheidung des Richters zur gemeinsamen Sorge umfasst auch die Festlegung der Zeiten des Aufenthalts bei jedem Elternteil, wobei unklar ist, ob damit eine Präferenz für die geteilte Betreuung besteht. Elternvereinbarungen gehen, sofern das Kindeswohl nicht entgegensteht, vor.

[110] In Norwegen kann seit 2010 gegen den Willen eines Elternteils das Wechselmodell unter engen Voraussetzungen gerichtlich angeordnet werden; dazu *Frantzen/Sperr* FamRZ 2011, 1457 (1458f.).

[111] Nach Art. 133 Abs. 1 und 2 ZGB (iVm Art. 298 Abs. 2 ZGB für den Fall der Scheidung oder Art. 298a Abs. 2 ZGB für nicht miteinander verheiratete Eltern) kann das Gericht unter Beachtung des Kindeswohls die elterliche Sorge, die Obhut (Aufenthalt), den Umgang oder die Betreuungsanteile der Eltern regeln, sofern sich die Eltern nicht einigen. Dazu *Hausheer* FamRZ 2014, 1520 (1522); *Büchler/Maranta* Jusletter 11.8.2014, 4, 6ff. (https://www.rwi.uzh.ch/dam/jcr:9875436a-173e-4a82-ab85-9e1a414ebb4b/Buechler_Maranta_DasneueRechtderelterlichenSorge.pdf).

[112] Das spanische Recht betont den Vorrang der Elternvereinbarung (Art. 92 Abs. 5 Código civil), allerdings kann im Elternkonflikt eine geteilte Betreuung auf Antrag eines Elternteils gerichtlich angeordnet werden, wenn nur auf diese Weise das Kindeswohl angemessen geschützt wird (Art. 92 Abs. 8 Código civil). Zudem setzt die geteilte Betreuung voraus, dass beide Eltern gemeinsame Erziehungsziele verfolgen sowie kooperations- und kommunikationsfähig sind. In der richterlichen Praxis wird bislang von der Möglichkeit einer Anordnung der geteilten Betreuung kaum Gebrauch gemacht. Dazu *Reckhorn-Hengemühle* in Kaiser/Schnitzler/Friederici/Schilling (Fn. 105) Spanien Rn. 224–230.

[113] Dazu *Westphalová* in Löhnig/Schwab/Henrich/Gottwald, Kindesrecht und Elternkonflikt, 177 (188); seit 2012 können Kinder auch abwechselnd verschiedene Schulen besuchen.

[114] In Schweden kann nach Kap. 6 § 14a Elterngesetz die geteilte Betreuung gegen den Willen eines Elternteils angeordnet werden, wobei das Kindeswohl entscheidend ist. Meistens einigen sich aber die Eltern auf eine geteilte Betreuung. Nach neueren Schätzungen praktizieren ca. 40% aller Trennungseltern eine geteilte Betreuung. In Australien muss das Gericht seit dem *Family Law Amendment (Shared Parental Responsibility) Act 2006* prüfen, ob eine geteilte Betreuung praktisch umsetzbar ist und dem Kindeswohl dient. Zu Schweden und Australien *Deutscher Bundestag, Wissenschaftliche Dienste* (Fn. 106) 17ff., 24ff. sowie *Scheiwe* in Coester-Waltjen/Lipp/Schumann/Veit (Fn. 19), erscheint 2018.

eine Probezeit anordnen. Nach Ablauf der Frist entscheidet das Gericht, ob der Aufenthalt des Kindes bei beiden Eltern abwechselnd oder nur bei einem Elternteil festgelegt wird, wobei der Wille des Kindes zu berücksichtigen ist. Bei einer Entscheidung zugunsten des Residenzmodells hat das Gericht eine Regelung über den Umgang zu treffen (Art. 373-2-9 Abs. 3 Code civil), da die geteilte Betreuung ebenso wie der Umgang als Teilaspekte der Ausübung der elterlichen Verantwortung begriffen werden. Daher legt auch Art. 373-2-11 Code civil für die gerichtliche Entscheidung zu beiden Bereichen einen einheitlichen Kriterienkatalog für die *modalités d'exercice de l'autorité parentale* zugrunde.[115] Obwohl im Ausland unter die geteilte Betreuung auch asymmetrische Betreuungsmodelle fallen, wird in den genannten Ländern eine Betreuung im Wechsel regelmäßig von weniger als 20% der Trennungseltern praktiziert; lediglich in Schweden und Belgien werden höhere Quoten erreicht.[116]

Beim Kindesunterhalt ist zunächst zu beachten, dass in den meisten Ländern (mit Ausnahme von Österreich und der Schweiz)[117] das Konzept des § 1606 Abs. 3 S. 2 BGB (Gleichwertigkeit von Betreuungs- und Barunterhalt) nicht gesetzlich geregelt ist.[118] In den romanischen Rechtsordnungen besteht jedoch ein weites richterliches Ermessen, sodass bei der Festlegung des Barunterhalts auch die jeweiligen Betreuungsleistungen berücksichtigt werden können.[119] In den

---

[115] Dazu insgesamt *Junggeburth* in Kaiser/Schnitzler/Friederici/Schilling (Fn. 105) Frankreich Rn. 174–180; *Kaesling*, Nacheheliche Verantwortung in Frankreich und Deutschland, 2017, 241 ff. (in Frankreich liegt ab einer Mitbetreuung von 25% eine unterhaltsrechtlich relevante geteilte Betreuung vor).

[116] Einen Überblick über die Quoten in zahlreichen Ländern geben: *Walper* (Fn. 10) 99 (108 ff.); *Sünderhauf* (Fn. 8) 198 ff.; *Salzgeber* FamRZ 2015, 2018 (2020); *Frigger* (Fn. 7) 15–17.

[117] § 231 Abs. 2 S. 1 ABGB entspricht im Wesentlichen § 1606 Abs. 3 S. 2 BGB. Zur österreichischen Gerichtspraxis *Scheiwe/Wersig* (Fn. 12) 51 f. In der Schweiz ist der Betreuungsunterhalt als eine Form der Unterhaltsleistung neben Bar- und Naturalunterhalt in Art. 276 Abs. 2 und Art. 285 Abs. 2 ZGB geregelt; dazu *Hausheer* FamRZ 2015, 1567 ff.

[118] Dazu *Willekens* in Scheiwe/Wersig (Fn. 89) 57 ff., der die Gleichwertigkeit von Betreuungs- und Barunterhalt (trotz der damit verbundenen Verfestigung von Geschlechterstereotypen) nach einem umfassenden Rechtsvergleich eher positiv bewertet (76 ff.).

[119] Dazu *Willekens* (Fn. 118) 57 (65 ff.); *Scheiwe/Wersig* (Fn. 12) 52 f. Nach Art. 337-ter Abs. 4 Codice civile ist neben dem Einkommen der Eltern und den Betreuungsanteilen ausdrücklich auch der wirtschaftliche Wert der Leistungen für Haushalt und Pflege, den die Eltern jeweils aufbringen, zu berücksichtigen. Auch Art. 373-2-2 Code civil sieht vor, dass Kindesunterhalt als Naturalunterhalt und in Form eines Nutzungs- und Wohnrechts (*droit d'usage et d'habitation*) erbracht werden kann (zu Frankreich auch *Dethloff/Kaesling* FamRZ 2018, 73 [75 f.]). In Portugal kann das Gericht, wenn keine Elternvereinbarung zum Unterhalt vorliegt, diesen anhand

nordischen Ländern, die ebenfalls den Barunterhalt auf der Grundlage der Einkommen beider Eltern festsetzen,[120] spielt der Betreuungsunterhalt aufgrund der staatlich schon lange geförderten Geschlechtergleichheit und der damit verbundenen egalitären Aufgabenverteilung zwischen den Eltern keine Rolle.[121] In England wird der Unterhalt, sofern sich die Eltern darüber nicht einigen, häufig von einer Behörde (*Child Support Agency*) festgesetzt.[122] Dabei bleibt das Nettoeinkommen des überwiegend betreuenden Elternteils regelmäßig unberücksichtigt, weil dieser Naturalunterhalt erbringt. Der vom barunterhaltspflichtigen Elternteil geschuldete Unterhalt (der sich aus einem festgelegten Prozentsatz aus dessen Nettoeinkommen ergibt) mindert sich allerdings für jede Übernachtung des Kindes bei diesem Elternteil um einen Tagessatz des festgelegten Barunterhalts.[123] Auch in den USA und in Australien lässt sich seit einigen Jahren „eine immer stärkere Mathematisierung" des Unterhaltsrechts beobachten, da bei einer geteilten Betreuung sowohl die Höhe der Einkommen als auch die Betreuungsanteile beider Eltern als Faktoren in die Berechnung des Barunterhalts einfließen.[124] Erleichtert wird die Berechnung des Unterhalts in Australien und in etlichen US-Bundesstaaten dadurch, dass die Eltern von Seiten der Behörden unterstützt werden. Ergänzend dazu werden Online-Rechner (*Child Support Calculators*) von amtlicher Seite zur Verfügung gestellt, die nach Eingabe der abgefragten Parameter (Einkommen, Kinderzahl, Betreuungsumfang etc.) den Barunterhalt er-

---

der Einkommen beider Eltern und weiterer Faktoren wie notwendiger Erziehungsmaßnahmen festsetzen; dazu *Müller-Bromley* in Kaiser/Schnitzler/Friederici/Schilling (Fn. 105) Portugal Rn. 107 f. Lediglich in Art. 93 Código civil werden bei der gerichtlichen Festsetzung des von jedem Elternteil zu erbringenden Anteils des Kindesunterhalts Betreuungsleistungen nicht ausdrücklich erwähnt; dazu *Reckhorn-Hengemühle* (Fn. 112) Rn. 227.

[120] Für Schweden *Ring/Olsen-Ring* in Kaiser/Schnitzler/Friederici/Schilling (Fn. 105) Skandinavien Rn. 124 ff.

[121] Dazu *Scheiwe/Wersig* (Fn. 12) 53 f. Zu Schweden *Saygin*, Geschlechtergerechtigkeit unter dem Deckmantel der Leitbildneutralität, 2016, 103 ff. In Norwegen ist seit 1989 eine Behörde für die Festsetzung des Kindesunterhalts zuständig, über die rund 90 % aller Fälle abgewickelt werden, wobei dies dazu beiträgt, dass die Beziehung der Eltern weniger stark durch Unterhaltsstreitigkeiten belastet wird. Dazu *Marten* (Fn. 72) 115 f., 122 ff.; *dies.* in Scheiwe/Wersig (Fn. 89) 95 (116).

[122] Zur *Child Support Agency* ausführlich *Hilbig-Lugani*, Staat – Familie – Individuum, 2014, 178 ff., 193 ff.

[123] Dazu insgesamt *Dethloff/Kaesling* FamRZ 2018, 73 (76 f.); *Scheiwe* FF 2013, 280 (288); *dies./Wersig* (Fn. 12) 53 f.; *Willekens* (Fn. 118) 57 (69 ff.); *Woelke* in Kaiser/Schnitzler/Friederici/Schilling (Fn. 105) England und Wales Rn. 25; *Semmann*, Die Entstehung und Berechnung der Unterhaltsansprüche von Kindern, Ehegatten und Verwandten, 2009, 106 ff.

[124] *Martiny* in Scheiwe/Wersig (Fn. 89) 83 (85). Dazu auch *Dethloff/Kaesling* FamRZ 2018, 73 (76 f.).

rechnen.¹²⁵ Zu beachten ist allerdings, dass die im Ausland vorgesehenen Berechnungsmodelle in ganz andere Systeme (in Bezug auf das Zusammenspiel von Familien-, Sozial- und Steuerrecht, aber auch hinsichtlich der gesellschaftlichen Rahmenbedingungen) eingebettet sind. Daher würde eine Übernahme eines dieser Berechnungsmodelle allein für den Barunterhalt bei geteilter Betreuung zu erheblichen Verwerfungen im deutschen Unterhaltsrecht führen.¹²⁶ Andererseits lässt sich aber auch festhalten, dass viele Länder praktikable Lösungen für die Ermittlung des Barunterhalts bei geteilter Betreuung vorsehen und dabei neben den Einkommen auch die Betreuungsleistungen beider Eltern berücksichtigen.

---

¹²⁵ Dazu insgesamt *Martiny* (Fn. 124) 83 (85, 89); *Scheiwe/Wersig* (Fn. 12) 56 f. Vgl. auch zu Frankreich den Online-Rechner unter http://www.justice.fr/simulateurs/pensions.
¹²⁶ So auch *Dethloff/Kaesling* FamRZ 2018, 73 (77). Dort (75 ff.) werden drei verschiedene Modelle zur Berechnung des Kindesunterhalts (Stufenmodell, Prozentmodell und Schwellenmodell) vorgestellt.

B. Leitbild der gemeinsamen Sorge und Elternautonomie

I. Leitbild der gemeinsamen Sorge

Die Regelungen der §§ 1671 Abs. 1 S. 1, 1626a Abs. 2 BGB gehen vom Leitbild der gemeinsamen Sorge aus.[127] Dieses Leitbild haben sich inzwischen auch die meisten geschiedenen Eltern (96 %) zu eigen gemacht.[128] Die Normen, nach denen die gemeinsame Sorge nach einer Trennung fortbesteht (§ 1671 Abs. 1 BGB),[129] erstmals begründet (§ 1626a Abs. 1 und 2 BGB) oder nach einer gerichtlichen Entscheidung erneut eingeräumt (§ 1696 Abs. 1 S. 1 BGB) wird, sind jedoch nicht einheitlich ausgestaltet. Bei den unterschiedlichen Kindeswohlmaßstäben der § 1671 Abs. 1 S. 2 Nr. 2 BGB und § 1626a Abs. 2 BGB hat der BGH inzwischen im Wege richterlicher Rechtsfortbildung eine Angleichung vorgenommen (→ C.II). Aber auch die „Regelungskompetenz" der Eltern in Bezug auf den Status der Sorge ist widersprüchlich ausgestaltet: So können die Eltern zwar privatautonom nach § 1626a Abs. 1 Nr. 1 BGB die Sorge erstmals begründen (dh den Status von der Alleinsorge der Mutter zur gemeinsamen Sorge erweitern). Nach einer gerichtlichen Entscheidung ist den Eltern jedoch die Entscheidungskompetenz über die Sorge genommen, da für eine erneute Korrektur – nunmehr mit Hinweis auf die Erziehungskontinuität – immer die Hürde des § 1696 Abs. 1 S. 1 BGB (Vorliegen triftiger, das Wohl des Kindes nachhaltig berührender Gründe) gilt. Dabei spielt das Änderungsziel (Einschränkung oder Erweiterung der Sorge) nach dem Wortlaut der einschlägigen

---

[127] Nach BGHZ 211, 22 (26) sollen nach dem „gesetzliche[n] Leitbild […] grundsätzlich beide Eltern die gemeinsame elterliche Sorge für ein Kind tragen […], wenn keine Gründe vorliegen, die hiergegen sprechen". Dazu auch *Splitt* FF 2017, 47 (48 f.) Die BGH-Rspr. (zum Regel-Ausnahme-Verhältnis in § 1671 Abs. 1 BGB (NJW 2000, 203 f.; NJW 2008, 994 f.) steht nicht im Widerspruch zur Vorgabe eines gesetzlichen Leitbildes, weil ohnehin eine kindeswohlorientierte Einzelfallprüfung vorzunehmen ist. Krit. zu dieser „Scheindiskussion" *Osthold* (Fn. 31) 586 ff.; *Wend*, Gemeinsame Sorge nach Trennung und Scheidung, Elterliche Kooperation, gesetzliches Leitbild und Reformbedarf, 2009, 109 ff., 135 f. Ausführlich zur Problematik auch *Meckling* (Fn. 75) 442–492.

[128] Zur Erfolgsgeschichte der gemeinsamen Trennungssorge *Wend* (Fn. 127) 105 f.

[129] Zur Entwicklung der Zuweisung der Sorge nach einer Scheidung seit 1900 *Wend* (Fn. 127) 27–85; *Bloch*, Die Übertragung der elterlichen Sorge gemäß § 1671 BGB, 2002, 7–37; *Wapler* (Fn. 32) 37 ff.

Normen keine Rolle.[130] Nach den verfassungsrechtlichen Vorgaben (Leitbild der gemeinsamen Sorge einerseits und Elternautonomie andererseits) müsste jedoch den Eltern die (erstmalige oder erneute) Begründung der gemeinsamen Sorge ohne größere Hürden ermöglicht werden, während bei einer Kollision der verfassungsrechtlichen Vorgaben im Falle einer privatautonomen Einschränkung der gemeinsamen Sorge ein angemessener Ausgleich zwischen den beiden widerstreitenden Prinzipien vorgenommen werden müsste.

1. Leitbild der gemeinsamen Sorge versus Elternautonomie in § 1671 Abs. 1 S. 2 Nr. 1 BGB

Zur Wahrung der verfassungsrechtlich geschützten Elternautonomie hat sich der Gesetzgeber 1998 davon verabschiedet, die Trennung der Eltern zum Anlass für einen Eingriff in die gemeinsame Sorge zu nehmen.[131] Seither wird der Staat unterhalb der Kindeswohlgefährdungsschwelle nur noch auf Antrag eines Elternteils tätig (§ 1671 Abs. 1 BGB).[132] Allerdings stellt sich die Frage, ob § 1671 Abs. 1 S. 2 Nr. 1 BGB einen sachgerechten Ausgleich zwischen dem Leitbild der gemeinsamen Sorge einerseits und den übereinstimmenden Interessen der Eltern andererseits vornimmt: Denn es ist nur schwer nachvollziehbar, warum die Wiederbegründung der gemeinsamen Sorge auch in Fällen des Elternkonsenses nach § 1696 Abs. 1 S. 1 BGB einer relativ hohen Hürde ausgesetzt ist, während nach § 1671 Abs. 1 S. 2 Nr. 1 BGB bis zum 14. Lebensjahr des Kindes allein das Einvernehmen der Eltern für die vollständige Aufhebung der Sorge eines Elternteils entscheidend sein soll.[133] Angesichts der verfassungsrechtlich verankerten Elternverantwortung läge es vielmehr nahe, die Aufhebung der gemeinsamen Sorge nicht ins Belieben der Eltern zu stellen, sondern hierfür gute Gründe zu verlangen, die über die Tatsache des Getrenntlebens hinausgehen. Bei einer Neuregelung des § 1671 Abs. 1 S. 2 Nr. 1 BGB könnte diesem Gedanken dadurch Rechnung getragen werden, dass eine Übertragung der Sorge auf einen Elternteil nur noch dann möglich wäre, wenn triftige, das Wohl des Kindes nachhaltig berührende Gründe vorliegen, dh die Vorteile der Aufhebung der gemeinsamen Sorge die da-

---

[130] Dabei wurde das Problem durchaus gesehen, vgl. nur BT-Drs. 13/4899, 62. Zur Bedeutung des Änderungsziels auch ausführlich *Holzner*, Die Änderung von Sorgerechtsentscheidungen gem. § 1696 Abs. 1 BGB, 2004, 129 ff.

[131] Dazu *Büdenbender* AcP 197 (1997), 197 (198, 205, 209 ff.); *Coester* FamRZ 1996, 1181 ff.; *Meckling* (Fn. 75) 159 ff., 402 ff.; *Köhler*, Die Sorgerechtsregelungen bei Ehescheidung seit 1945, 2006, 190 ff.

[132] Zum Antragsverfahren ausführlich *Meckling* (Fn. 75) 373 ff. (520 ff. zum Verfahren nach § 1671 Abs. 4 BGB).

[133] Krit. dazu auch *Wend* (Fn. 127) 103 f.; *Büdenbender* AcP 197 (1997) 197 (216 ff.).

mit verbundenen Nachteile deutlich überwiegen.[134] Dass die Elternautonomie bei diesem Vorschlag im Verhältnis zur derzeit geltenden Regelung des § 1671 Abs. 1 S. 2 Nr. 1 BGB ein Stück weit dem Leitbild der gemeinsamen Sorge weichen muss, lässt sich damit rechtfertigen, dass die Übertragung der Alleinsorge auf einen Elternteil für den anderen Elternteil eine vollständige Entziehung der Sorge zur Folge hat und damit den Kernbereich der Elternverantwortung in einer Weise trifft, die das Recht sonst nur als „schärfstes Schwert" zur Abwendung einer Kindeswohlgefährdung zulässt.[135] Hinzu kommt, dass die Elternverantwortung gleichermaßen Recht und Pflicht ist: Ebenso wie ein Elternteil grundsätzlich zum Umgang mit seinem Kind verpflichtet ist, obliegt ihm auch grundsätzlich die Pflicht zur Wahrnehmung der Sorge.[136] Die Neuregelung des § 1671 Abs. 1 S. 2 Nr. 1 BGB könnte folgendermaßen aussehen (zu § 1671 Abs. 1 S. 2 Nr. 2 BGB → C.II):

---

§ 1671 Abs. 1 S. 2 Nr. 1 BGB-RV *Übertragung der Alleinsorge bei Getrenntleben der Eltern.*
[...] ²*Dem Antrag ist stattzugeben, wenn*
1. der andere Elternteil zustimmt und <u>triftige, das Wohl des Kindes nachhaltig berührende Gründe hierfür vorliegen</u>, *es sei denn, das Kind hat das 14. Lebensjahr vollendet und widerspricht der Übertragung, [...].*

---

2. Gemeinsame Sorge kraft Gesetzes und Sorgeerklärungen nach § 1626a Abs. 1 Nr. 1 BGB

Seit der Kindschaftsrechtsreform 1998 haben nicht miteinander verheiratete Eltern die Möglichkeit, durch Sorgeerklärungen die gemeinsame Sorge zu begründen.[137] Die große Mehrheit der Eltern (ca. 70 %) gibt vor der Geburt oder zeitnah nach der Geburt Sorgeerklärungen ab. Da jedoch etwa 90 % aller nicht miteinander verheirate-

---

[134] Zu den „triftigen Gründen" *Holzner* (Fn. 130) 30; *Bloch* (Fn. 129) 117 f.; *Meckling* (Fn. 75) 573 f.
[135] So in aller Deutlichkeit auch BT-Drs. 13/4899, 99 zur „Übertragung" der Alleinsorge: „Dies verschleiert auf den ersten Blick die Tatsache, daß es sich der Sache nach um den Entzug der Sorge beim Antragsgegner handelt. [...] Die förmliche Ausgestaltung der Vorschrift als Sorgeentzug würde die Konflikte nur verschärfen, ohne daß für einen der Beteiligten etwas gewonnen wäre."
[136] Zum Umgang BVerfGE 108, 82 (102); 121, 69 (92 ff.). Zur Sorge BVerfGE 127, 132 (150); *Osthold* (Fn. 31) 522 ff.; *Wapler* (Fn. 32) 169 ff.
[137] Dazu umfassend *Weiß*, Die Sorgeerklärungen gemäß § 1626a Abs. 1 Nr. 1 BGB unter besonderer Berücksichtigung ihrer Rechtsnatur, 2005.

ten Eltern zum Zeitpunkt der Geburt des Kindes eine Partnerschaft führen, ist davon auszugehen, dass jedes Jahr für mehrere zehntausend Kinder trotz Paarbeziehung der Eltern kein gemeinsames Sorgerecht begründet wird (→ A.III.1). Angesichts dessen steht – trotz der Reform des § 1626a BGB im Jahr 2013[138] (Übertragung der gemeinsamen Sorge durch gerichtliche Entscheidung auf Antrag eines Elternteils → C.II) – noch immer die Frage im Raum, ob das Leitbild der gemeinsamen Sorge nicht dadurch verwirklicht werden müsste, dass der Vater mit Etablierung der rechtlichen Vaterschaft gemeinsam mit der Mutter Inhaber der elterlichen Sorge wird.[139] Die Einführung einer gemeinsamen Sorge nicht miteinander verheirateter Eltern kraft Gesetzes ist vor der Reform 2013 kontrovers diskutiert[140] und von Teilen der Literatur auch nachdrücklich gefordert worden.[141] Der Gesetzgeber hat sich jedoch gegen eine ex-lege-Lösung und für das Antragsmodell entschieden,[142] obwohl das BVerfG im Vorfeld der Reform die Einführung einer gemeinsamen Sorge kraft Gesetzes ausdrücklich als verfassungskonform eingeordnet und dazu ausgeführt hat: „Hierdurch würde nicht nur dem väterlichen Elternrecht Rechnung getragen, sondern der Vater eines nichtehelichen Kindes würde auch mehr in die Pflicht zur Pflege und Erziehung seines Kindes genommen, die mit dem Elternrecht aus Art. 6 Abs. 2 GG verbunden ist."[143] Da davon auszugehen ist, dass weniger als fünf Prozent aller nicht miteinander verheirateten Eltern nicht kooperationsfähig sind,[144] würde die gemeinsame Sorge kraft Gesetzes in der ganz großen Mehrheit der Fälle die Realität abbilden. Die Einführung des ex-lege-Modells hätte zudem eine rechtspolitische Signalwirkung und wäre an die europäische Entwicklung anschlussfähig.[145] Nicht zuletzt entspricht diese Lösung dem verfassungs-

---

[138] Gesetz zur Reform der elterlichen Sorge nicht miteinander verheirateter Eltern v. 16.4.2013, BGBl I, 795.

[139] So etwa *Schmitt*, Das Sorgerecht nichtverheirateter Väter, 2017, 230 ff., 256 ff. (mit einem Reformvorschlag).

[140] Zu den diskutierten Lösungen (ex-lege-Modell einerseits und Antrags- bzw. Gerichtsmodell andererseits) *Schmitt* (Fn. 139) 221 ff. und *Osthold* (Fn. 31) 533 ff.

[141] Etwa *Coester* FamRZ 2012, 1337 (1338, 1342 f.); *Keuter* FamRZ 2012, 825 (827); *Löhnig* in Coester-Waltjen/Lipp/Schumann/Veit (Fn. 64) 29 (35 f.); *Schumann* ebd., 3 (5 f.).

[142] Zur Neuregelung des § 1626a Abs. 1 Nr. 3, Abs. 2 BGB und zur Kritik am Antragsmodell ausführlich *Osthold* (Fn. 31) 536 ff., 542 ff.

[143] BVerfGE 127, 132 (150).

[144] *Heiß/Castellanos*, Gemeinsame Sorge und Kindeswohl nach neuem Recht, 2013, Rn. 649.

[145] In zwei Dritteln aller EU-Mitgliedstaaten ist ein gemeinsames Sorgerecht für nicht miteinander verheiratete Eltern kraft Gesetzes vorgesehen; dazu BVerfGE 127, 132 (139 f.); *Dethloff* in Coester-Waltjen/Lipp/Schumann/Veit (Fn. 64) 9 (13 ff., 26 f.). Es sei auch an Ziff. 5.4 der Resolution 2079 (2015) erinnert (→ B 16).

rechtlichen Leitbild der gemeinsamen Sorge und würde dem Anliegen eines statusunabhängigen Kindschaftsrechts vollumfänglich Rechnung tragen.[146] Dagegen könnten jedoch prozessökonomische Erwägungen sprechen, da das Antragsmodell nach § 1626a Abs. 2 BGB iVm § 155a FamFG vermutlich zu weniger Verfahren führt als ein ex-lege-Modell mit einer Korrekturmöglichkeit durch eine gerichtliche Entscheidung (sog. Widerspruchsmodell).[147]

Allerdings stellt sich die Frage, ob nicht eine vermittelnde Lösung sinnvoll wäre, bei der zumindest alle Eltern, deren Kinder in eine nichteheliche Lebensgemeinschaft hineingeboren werden, eine gemeinsame Sorge kraft Gesetzes erlangen. Im Jahr 2016 wurde in ca. 190.000 Fällen ein gemeinsames Sorgerecht begründet, dh ca. 380.000 Eltern haben Sorgeerklärungen abgegeben.[148] Ist es wirklich nötig, dass für fast 30% aller in Deutschland geborenen Kinder Jahr für Jahr nur auf diese Weise die gemeinsame Sorge begründet werden kann, zumal dieses Verfahren noch nicht einmal gewährleistet, dass alle mit Mutter und Kind zusammenlebenden Väter an der Sorge beteiligt werden? Wir haben somit ein aufwändiges Verfahren, das (vielleicht auch wegen des Aufwands) für mehrere zehntausend Kinder pro Jahr nicht genutzt wird. Daher sollte in Fällen, in denen der Anerkennende denselben Wohnsitz wie Mutter und Kind hat, die gemeinsame Sorge mit der wirksamen Anerkennung der Vaterschaft kraft Gesetzes begründet und in das Sorgeregister eingetragen werden. Der Vorteil dieser Lösung läge darin, dass bei ca. 80% aller nichtehelichen Kinder kraft Gesetzes zeitnah zur Geburt die gemeinsame Sorge entstünde und den Beteiligten ein zusätzlicher bürokratischer Aufwand erspart bliebe. Für alle Eltern, die mit dem Kind als Familie zusammengelebt haben, käme dann im Falle einer Trennung § 1671 Abs. 1 BGB zur Anwendung, sodass beim Fortbestand der gemeinsamen Sorge eine ähnliche Quote wie bei geschiedenen Eltern (96% mit gemeinsamer Trennungssorge) erreicht werden könnte (mit positiven Auswirkungen auf das Vater-Kind-Verhältnis → A.III.1).

Darüber hinaus sollten weitere Anreize für die Begründung der gemeinsamen Sorge durch nicht miteinander verheiratete Eltern geschaffen werden. Gerade für Eltern, die bei der Geburt des Kindes nicht zusammenleben, dürfte häufig die Begründung der gemeinsamen Sorge mit Ausnahme des Aufenthaltsbestimmungsrechts (das allein bei der Mutter verbleiben soll) von Interesse sein. Der in der

---

[146] Soergel/*Schumann*, 13. Aufl. 2013, NehelLG Rn. 260 mwN.
[147] Zur Prozessökonomie *Schumann* FF 2013, 339 (349). Krit. dazu *Osthold* (Fn. 31) 549ff.
[148] Siehe Fn. 67.

Literatur vertretenen Auffassung, dass das Ziel einer solchen gemeinsamen Teilsorge mit sog. partiellen Sorgeerklärungen nach § 1626a Abs. 1 Nr. 1 BGB erreicht werden könnte,[149] hat der BGH allerdings schon 2008 eine Absage erteilt.[150] Im Vorfeld der Reform des § 1626a BGB im Jahr 2013 wurde dann erneut von Seiten der Literatur und des Deutschen Bundesrates die Einführung partieller Sorgeerklärungen gefordert.[151] Die Bundesregierung ist diesem Ansinnen mit der Begründung entgegengetreten, dass der „Umfang [...] der elterlichen Verantwortung für das Kind [...] nicht zur Disposition der Eltern" stehe und auch „verheirateten Eltern [...] eine Aufteilung der Sorgeverantwortung deshalb nicht durch Elternkonsens, sondern allein durch Gerichtsbeschluss möglich" sei. Zudem würde die „Umsetzung des Vorschlags [...] auch zu erheblichen Folgeproblemen und Rechtsunsicherheit führen".[152] Diese Argumentation verkennt allerdings, dass es bei verheirateten Eltern regelmäßig (von den Fällen einer Wiederbegründung der gemeinsamen Sorge abgesehen; dazu → B.I.3) darum geht, die Sorge bei einem Elternteil einzuschränken oder aufzuheben, während es bei den partiellen Sorgeerklärungen um die erstmalige Begründung einer gemeinsamen Teilsorge nicht miteinander verheirateter Eltern und damit um eine Erweiterung der Sorge durch Einbindung des Vaters geht. Dann sprechen aber das Leitbild der gemeinsamen Sorge und die Elternautonomie dafür, dem Wunsch der Eltern auf möglichst einfache Weise Geltung zu verschaffen. Zudem bleibt unklar, warum eine auf diesem Wege begründete Teilsorge größere Folgeprobleme und Rechtsunsicherheiten schaffen sollte als eine im gerichtlichen (ggf. vereinfachten) Verfahren nach § 1626a Abs. 2 BGB iVm § 155a FamFG erteilte gemeinsame Teilsorge. Die Abgabe partieller Sorgeerklärungen sollte daher *de lege ferenda* ebenso wie die spätere Erweiterung zur vollen gemeinsamen Sorge durch Abgabe von Sorgeerklärungen zugelassen werden. Denn eine gerichtliche Kindeswohlprüfung ist in Fällen, in denen sich die Eltern einig sind und es um eine Erweiterung der (Teil-)Sorge zugunsten eines Elternteils geht, nicht geboten.[153] Der Gesetzgeber steht daher in der Pflicht, zu begründen, warum die derzeit bestehenden Hürden bei der Begründung und späteren Erweiterung der gemeinsamen Sorge

---

[149] Dazu *Weiß* (Fn. 137) 182 ff. mwN.

[150] BGH FPR 2008, 51 (55) mkritAnm *Dastmaltchi*.

[151] *Coester* FamRZ 2012, 1337 (1344); Stellungnahme des Bundesrates, BT-Drs. 17/11048, 27.

[152] Gegenäußerung der Bundesregierung, BT-Drs. 17/11048, 30. Das erste Argument überzeugt kaum, weil verheiratete Eltern eine Aufteilung der Sorge nach § 1671 Abs. 1 S. 2 Nr. 1 BGB durch einen – lediglich gerichtlich bestätigten – „Elternkonsens" erreichen können.

[153] Vgl. auch Staudinger/*Coester*, 2015, BGB § 1626a Rn. 59 f., der ebenfalls eine Korrektur der rechtspolitischen Fehlentscheidung des Gesetzgebers fordert.

noch eine Ausgestaltung der Elternverantwortung und keinen rechtfertigungsbedürftigen Eingriff in das Elternrecht darstellen. *De lege ferenda* könnte § 1626a BGB wie folgt gefasst werden:

> § 1626a BGB-RV *Elterliche Sorge nicht miteinander verheirateter Eltern.*
> (1) Sind die Eltern bei der Geburt des Kindes nicht miteinander verheiratet, so steht ihnen die elterliche Sorge <u>kraft Gesetzes</u> gemeinsam zu,
> 1. <u>wenn der Vater zum Zeitpunkt der Wirksamkeit der Anerkennung der Vaterschaft mit der Mutter und dem Kind einen gemeinsamen Wohnsitz hat</u> oder
> 2. wenn die Eltern einander heiraten.
> (2) Die Eltern können erklären, dass sie die Sorge <u>oder Teile der Sorge</u> gemeinsam übernehmen wollen (Sorgeerklärungen).
> (3) Das Familiengericht überträgt auf Antrag eines Elternteils die elterliche Sorge oder einen Teil der elterlichen Sorge beiden Eltern gemeinsam, wenn die Übertragung dem Kindeswohl nicht widerspricht. [Abs. 2 S. 2 wird Abs. 3 S. 2; Abs. 3 wird Abs. 4]

3. Wiederbegründung der gemeinsamen Sorge nach § 1696 Abs. 1 S. 1 BGB

Die Regelung des § 1696 Abs. 1 S. 1 BGB wird vor allem von *Coester* schon länger scharf kritisiert: Die Änderungsschwelle sei „rechtssystematisch und rechtspolitisch nicht abgestimmt weder mit konkurrierenden Spezialregelungen [...] noch auf die höchst unterschiedlichen Fallkonstellationen, für die sie gelten soll". So werde insb. der Elternautonomie „im Normtext nicht der geringste Stellenwert eingeräumt".[154] Vor allem aber sei die permanente staatliche Kontrolle aufgrund der Möglichkeit der Änderung von Amts wegen nicht zu rechtfertigen:

> „Der [...] durch Elternantrag zur Erstentscheidung berufene Staat zieht sich danach nicht mehr hinter die allgemeine Demarkationslinie zwischen elterlicher und staatlicher Verantwortung zurück, sondern verharrt [...] auf vorverlagertem Kontrollposten – die erstmalige Gerichtsbefassung mit der Familie unterwirft diese fortdauernder intensivierter sorgerechtlicher Überwachung".[155]

Der Regelungsinhalt des § 1696 Abs. 1 BGB geht ursprünglich auf die NS-Zeit[156] zurück und wurde durch die Alliierten nur leicht mo-

---

[154] Staudinger/*Coester*, 2014, BGB § 1696 Rn. 6 f. (sowie 43 f., 71 ff.). Ähnlich *Büdenbender* AcP 197 (1997), 197 (218).
[155] Staudinger/*Coester*, 2014, BGB § 1696 Rn. 5.
[156] Mit der Einführung des Zerrüttungsprinzips 1938 richtete sich die Zuweisung der Personensorge nach einer Scheidung erstmals primär nach dem Kindeswohl

difiziert: Nach § 74 Abs. 6 EheG 1946 konnte das Gericht von Amts wegen die Übertragung der Alleinsorge auf einen Elternteil nach der Scheidung „im Interesse des Kindes" ändern. Die Rechtsprechung entwickelte hierfür die Formel, dass „im Interesse einer steten, ruhigen Entwicklung des Kindes (Grundsatz der Erziehungskontinuität) [...] eine Änderung nur aus triftigen, dessen Wohl nachhaltig berührenden Gründen" in Betracht komme.[157] Als Änderungsentscheidung war damals allerdings nur die Übertragung der Alleinsorge von einem Elternteil auf den anderen vorgesehen.[158] Der Amtsänderungsgrundsatz des heutigen § 1696 Abs. 1 BGB ist somit in erster Linie ein „historisches Kontinuum", das „auf die obrigkeitsstaatliche Prägung des EheG 1938 zurückzuführen und insoweit ein fragwürdiges Relikt ist."[159] Mit der Kindschaftsrechtsreform 1998 wurde die von der Rechtsprechung entwickelte Formel zu den triftigen Gründen in den Gesetzestext des § 1696 Abs. 1 S. 1 BGB übernommen, wobei die Fallgestaltung, dass beide Eltern einvernehmlich die gemeinsame Sorge wiederbegründen wollen, überhaupt nicht gesehen wurde.[160] Bezieht sich der Elternkonsens auf eine Erweiterung der Sorge (Wiederbegründung der gemeinsamen Sorge nach einer gerichtlichen Entscheidung zur Übertragung der Alleinsorge), dann sprechen sowohl das verfassungsrechtliche Leitbild der gemeinsamen Sorge als auch die Elternautonomie für ein niedrigschwelliges Erreichen dieses Ziels. Um dieses Ziel zu verwirklichen, sehen daher weite Teile der Literatur und Rechtsprechung im Elternkonsens einen triftigen Grund iSd § 1696 Abs. 1 S. 1 BGB[161] oder gehen von einer Indizwirkung des Elternkonsenses aus, die eine Absenkung des Prüfungsmaßstabes rechtfertige.[162] Dementsprechend hat der DFGT bereits 2012 folgende Neuregelung vorgeschlagen:

(§ 81 Abs. 1 S. 2 EheG 1938: „Maßgebend ist, was nach Lage der Verhältnisse dem Wohl des Kindes am besten entspricht."). Daran anknüpfend sah § 81 Abs. 5 EheG 1938 vor, dass das Gericht die Anordnung jederzeit ändern konnte, „wenn das Wohl des Kindes es erfordert". Dazu *Holzner* (Fn. 130) 166 ff.; *Wapler* (Fn. 32) 56, 58.
[157] BayObLG FamRZ 1976, 38 (39).
[158] Dazu *Holzner* (Fn. 130) 30 ff.
[159] *Holzner* (Fn. 130) 162, 173; dort heißt es weiter: „Wegen des besonderen Interesses des nationalsozialistischen Staates an einer staatskontrollierten Jugendförderung und -fürsorge wurden mit dem EheG 1938 staatliche Eingriffsbefugnisse in die Familie verstärkt und die Familienautonomie zurückgedrängt. Im Zuge späterer Gesetzesreformen wurde [...] über die Legitimation des Amtsänderungsgrundsatzes [nicht] nachgedacht, vielmehr wurde er selbstverständlich fortgeführt."
[160] BT-Drs. 13/4899, 109.
[161] So schon *Büdenbender*, AcP 197 (1997), 197 (218). Zum Meinungsstand *Holzner* (Fn. 130) 133 ff. mwN.
[162] MüKoBGB/*Olzen*, 7. Aufl. 2017, § 1696 Rn. 38; BeckOGK BGB/*Mehrle* (1.6.2017) § 1696 Rn. 93 ff. AA *Meckling* (Fn. 75) 578 ff.

„Beantragen die Eltern übereinstimmend oder ein Elternteil mit Zustimmung des anderen die Änderung einer bisherigen, die Alleinsorge eines Elternteils anordnenden Sorgerechtsentscheidung in gemeinsames Sorgerecht, so hat das Familiengericht die elterliche Sorge beiden Eltern zu übertragen, wenn die Übertragung dem Kindeswohl nicht widerspricht."[163]

Diesem Vorschlag ist zuzustimmen, da er die Inkohärenzen zu anderen Normen (insb. zu § 1671 Abs. 1 S. 2 Nr. 1 und § 1626a Abs. 1 Nr. 1 BGB im Hinblick auf die Elternautonomie und zu § 1626a Abs. 2 BGB in Bezug auf den Kindeswohlmaßstab) beseitigt. Allerdings sollte auch der Elternkonsens bei einem Wechsel von der Alleinsorge zur gemeinsamen *Teilsorge* erfasst werden. Für alle anderen Fälle des Elternkonsenses ist hingegen aufgrund des Änderungsziels (Einschränkung bzw. Entziehung der Sorge eines Elternteils oder Wechsel der Alleinsorge) die Hürde des § 1696 Abs. 1 S. 1 BGB (triftige, das Kindeswohl nachhaltig berührende Gründe) beizubehalten.[164]

Des Weiteren sollte in allen Fällen des § 1696 Abs. 1 S. 1 BGB *de lege ferenda* nur noch ein Antragsverfahren zulässig sein, auch wenn in der Praxis schon derzeit kaum noch Verfahren von Amts wegen durchgeführt werden.[165] Denn der Amtsänderungsgrundsatz widerspricht der Gesamtkonzeption des Kindschaftsrechts, wenn im Erstverfahren keine kindesschutzrechtliche Maßnahme getroffen wurde.[166] Würde ein Gericht tatsächlich unterhalb der Schwelle der Kindeswohlgefährdung eine inzwischen von beiden Eltern akzeptierte Sorgerechtsentscheidung ohne Antrag eines Elternteils ändern (zur Änderung einer Umgangsentscheidung von Amts wegen → C.I.2), dann läge ein verfassungswidriger Eingriff in das Elternrecht vor.[167] Die Möglichkeit einer Abänderung gerichtlicher Sorgerechtsentscheidungen ist daher bereits jetzt in verfassungskonformer

---

[163] *DFGT* FPR 2012, 411 (414). Ähnlich *Holzner* (Fn. 130) 159.
[164] IdS auch BT-Drs. 13/4899, 62 zur Übertragung der elterlichen Sorge auf einen Elternteil und dem damit verbundenen Entzug der elterlichen Sorge. Vgl. auch *Holzner* (Fn. 130) 111 zum Gestaltungsziel: „Die Wirkung des Elternkonsenses ist geringer, wenn die Umgestaltung zu einem Rechtsverlust und/oder einem Kontinuitätsbruch führt. Besteht die Gefahr, dass das Kind aufgrund der Umgestaltung einen Sorgeberechtigten verliert […], so ist die gerichtliche Kontrolldichte grundsätzlich höher als beim Gewinn eines Sorgeberechtigten […]."
[165] So auch *Holzner* (Fn. 130) 208.
[166] Dazu ausführlich und krit. *Holzner* (Fn. 130) 161f., 174ff., 186ff., 204f. *Holzner* (259) ordnet den Amtsänderungsgrundsatz in § 1696 Abs. 1 BGB als „Fremdkörper im Rechtssystem" ein.
[167] So auch *Osthold* FamRZ 2017, 1643 (1648f.); *Holzner* (Fn. 130) 45ff., 49, 213ff. Schon im Vorfeld der Kindschaftsrechtsreform hat *Coester* FamRZ 1996, 1181 (1187) darauf hingewiesen, dass nach einer „gerichtliche[n] Befriedung eines Familienkonflikts […] die derart neugeordnete Familie ihre grundsätzliche Autonomie zurück [gewinne]".

Auslegung des § 1696 Abs. 1 BGB auf Antragsverfahren zu beschränken.[168] Um diese Antragsverfahren noch deutlicher von den Amtsverfahren nach § 1696 Abs. 2 BGB abzusetzen, empfiehlt es sich, die Regelung des Abs. 2 zur Aufhebung von kindesschutzrechtlichen Maßnahmen in eine eigene Norm zu fassen (hierfür bietet sich der unbesetzte § 1697 BGB an). Zudem müsste § 166 FamFG entsprechend angepasst werden.[169] Schließlich sollte eine Harmonisierung mit der Regelung des § 1671 Abs. 1 BGB erreicht werden,[170] sodass bei einer Aufhebung oder Einschränkung der elterlichen Sorge § 1671 Abs. 1 BGB-RV entsprechend zur Anwendung kommen müsste. Dies betrifft zum einen die Beachtung des Widerspruchs eines Jugendlichen nach § 1671 Abs. 1 S. 2 Nr. 1 BGB sowie zum anderen den hier neu vorgeschlagenen Kindeswohlmaßstab des § 1671 Abs. 1 S. 2 Nr. 2 BGB-RV (→ C.II). Mit einem Verweis auf § 1671 Abs. 1 BGB-RV wären auch die bislang in § 1696 Abs. 1 S. 2 Hs. 1 BGB geregelten Fälle (Änderung einer Entscheidung zur Übertragung der gemeinsamen Sorge nach § 1626a Abs. 2 BGB) umfasst.[171] Die Neuregelung des § 1696 Abs. 1 BGB könnte folgenden Wortlaut erhalten:[172]

§ 1696 BGB-RV *Abänderung gerichtlicher Entscheidungen und gerichtlich gebilligter Vergleiche.* ¹*Den Eltern ist die elterliche Sorge oder ein Teil der elterlichen Sorge gemeinsam zu übertragen, wenn ein Elternteil dies mit Zustimmung des anderen Elternteils beantragt und die Übertragung dem Kindeswohl nicht widerspricht.* ²*Auf Antrag eines Elternteils* ist eine Entscheidung zum Sorge- und Umgangsrecht oder ein gerichtlich gebilligter Vergleich zu ändern, wenn dies aus triftigen, das Wohl des Kindes nachhaltig berührenden Gründen angezeigt ist. ³*Ist der Antrag auf Übertragung der elterlichen Sorge oder eines Teils der elterlichen Sorge gerichtet, gilt § 1671 Abs. 1 S. 2* und *Abs. 4 BGB entsprechend.*
[Satz 3 wird Satz 4]

---

[168] Für eine verfassungskonforme Reduktion spricht sich auch *Holzner* (Fn. 130) 222 ff. aus.

[169] Nach der hier vorgeschlagenen Lösung wäre § 166 Abs. 1 FamFG dahingehend zu reformieren, dass die Abänderungsbefugnis nicht mehr auf § 1696 Abs. 1 BGB anwendbar ist.

[170] Zu den Wertungswidersprüchen zwischen § 1696 Abs. 1 und § 1671 Abs. 1 BGB *Holzner* (Fn. 130) 146 ff.

[171] Kein Änderungsbedarf besteht bei § 1696 Abs. 1 S. 2 Hs. 2 und S. 3 BGB.

[172] Dieser Reformvorschlag deckt sich in Teilen mit dem Vorschlag von *Holzner* (Fn. 130) 252.

II. Ausgestaltung der gemeinsamen Elternverantwortung

Die Erfolgsgeschichte der gemeinsamen Trennungssorge seit der Kindschaftsrechtsreform 1998 sollte nicht darüber hinwegtäuschen, dass damit noch keine Aussage über die konkrete Ausgestaltung der Elternverantwortung verbunden ist. Zu Recht bezeichnet *Schwab* daher die gemeinsame Trennungssorge als „ein bloßes juristisches Konstrukt, mit dem die eigentlichen Lebensfragen des Kindes in keiner Weise geklärt sind".[173] Während es unter B.I um die Inhaberschaft der elterlichen Sorge ging, wird im Folgenden die Ausgestaltung der elterlichen Verantwortung jenseits von Statusfragen behandelt.[174] Verfassungsrechtlicher Ausgangspunkt für Überlegungen *de lege ferenda* ist auch hier der Grundsatz, dass es den Eltern obliegt, die Ausgestaltung der Elternverantwortung in Abhängigkeit von ihrer jeweiligen Lebenssituation frei nach ihren eigenen Vorstellungen zu gestalten.[175] Der Gestaltungsspielraum der Eltern ist hier sogar noch größer als bei den oben behandelten Statusfragen. Daher stellt sich erstens die Frage, ob der Gesetzgeber im Rahmen seines Ausgestaltungsauftrags überhaupt befugt ist, den Trennungseltern ein bestimmtes Leitbild zur Ausübung der Elternverantwortung vorzugeben. Zweitens ist zu klären, ob die auf das Residenzmodell zugeschnittenen Regelungen noch als Ausgestaltung der Elternverantwortung zu begreifen sind oder bereits einen (dann zu rechtfertigenden) Eingriff in das Elternrecht darstellen. Schließlich ist drittens zu fragen, ob der Gesetzgeber aufgrund seines Ausgestaltungsauftrags verpflichtet ist, ein normatives Angebot zur geteilten Betreuung zu schaffen, dh Voraussetzungen und Rechtsfolgen dieses Modells zu regeln.

1. Vorgabe eines Leitbildes zur Ausübung der gemeinsamen Trennungssorge?

Das Kindschaftsrecht gibt mit den Regelungen der §§ 1687 Abs. 1, 1606 Abs. 3 S. 2, 1629 Abs. 2 S. 2 BGB nicht nur ein Leitbild,[176] sondern im Grunde überhaupt nur ein einziges gesetzlich geregeltes Modell zur Ausgestaltung von Sorge, Betreuung und Umgang vor. Dieses Modell wird als Residenzmodell bezeichnet, weil es davon ausgeht, dass das Kind bei einem Elternteil lebt und von diesem auch

---

[173] *Schwab* DNotZ 1998, 437 (444).
[174] Zu dieser Differenzierung auch *Bloch* (Fn. 129) 91 ff., 97 ff.
[175] So auch *Hammer*, Elternvereinbarungen im Sorge- und Umgangsrecht, 2004, 34 ff., 67 f.
[176] So *Kinderrechtekommission DFGT* FamRZ 2014, 1157.

betreut wird, während der andere Elternteil Barunterhalt schuldet und im Rahmen des Umgangs die persönliche Beziehung zu seinem Kind aufrechterhält. Ergänzt werden diese Regelungen durch die §§ 1570, 1615l Abs. 2 S. 2–5, Abs. 4 BGB, die davon ausgehen, dass die Betreuung eines Kleinkindes durch einen Elternteil zum Wohle des Kindes durch den anderen Elternteil zu finanzieren ist.[177] Auch wenn das Residenzmodell noch immer von den meisten Trennungsfamilien in Deutschland praktiziert wird, sind abweichende Familienmodelle keineswegs mehr die absolute Ausnahme, sodass jedenfalls die „Ausschließlichkeit" dieses Modells im Kindschaftsrecht nicht mehr mit dem Ausgestaltungsauftrag des Gesetzgebers vereinbar ist:[178] Zwar sind getrennt lebende Eltern nicht gehindert, eine vom Residenzmodell abweichende Betreuung zu praktizieren, kommt es jedoch bei einzelnen Fragen der Ausübung der geteilten Betreuung zu Konflikten, dann passen die vorhandenen Regelungen so wenig, dass Rechtsprechung und Lehre seit Jahren heftig um Einzelfragen ringen (insb. bei der Berechnung des Kindesunterhalts, → E.I, III.1) und selbst höchstrichterliche Entscheidungen nur als Notlösungen begriffen werden können (so etwa die BGH-Entscheidung zur Anordnung eines paritätischen Wechselmodells mit Hilfe einer Umgangsregelung, → B.II.3a). Zum Ausgestaltungsauftrag des Gesetzgebers gehört es daher, neben den Regelungen zum Residenzmodell auch zur geteilten Betreuung ein normatives Angebot für interessierte Eltern zu schaffen.[179]

Auf die Frage, ob der Gesetzgeber ein bestimmtes Betreuungsmodell als Leitbild vorgeben sollte, gibt die Verfassung ebenfalls eine klare Antwort: Nach Art. 6 Abs. 2 S. 1 GG haben die Eltern das Recht, „die Pflege und Erziehung ihrer Kinder nach ihren eigenen Vorstellungen frei zu gestalten", und zwar auch dann, wenn sie getrennt leben (→ A.II.1). Gesetzliches Leitbild muss es daher sein, den Trennungseltern die Wahl des Betreuungsmodells grundsätzlich

---

[177] Grundlage des Betreuungsunterhalts ist die elterliche Solidarität zum Wohle des Kindes; dazu *Schumann* in Lipp/Schumann/Veit, Reform des Unterhaltsrechts, 2007, 1 (4); *Kraus*, Grundlagen des Unterhaltsrechts, 2011, 170 f.; *Wapler* in Scheiwe/Wersig (Fn. 89) 251 (263). Vgl. aber auch *Damljanovic* (Fn. 56) 191 ff.

[178] Die Ansicht des BGH (FamRZ 2017, 532 [534 Rn. 18]), dass sich die Regelungen für Trennungseltern zwar am Residenzmodell orientieren, dies aber nicht besage, dass der Gesetzgeber „das Residenzmodell darüber hinausgehend als ein andere Betreuungsmodelle ausschließendes gesetzliches Leitbild festlegen wollte", geht am Problem vorbei, weil andere Modelle nicht gesetzlich geregelt sind. So auch *Zimmer* (Fn. 79) 49.

[179] Zur verfassungsrechtlichen Ausgestaltungspflicht auch *Kinderrechtekommission DFGT* FamRZ 2014, 1157 (1166 f.). Vgl. weiter *Rixe* in Interessenverband Unterhalt und Familienrecht, Vom starren Residenzmodell zum individuellen Wechselmodell, 2013, 71 (75 ff.).

freizustellen.[180] Denn die Entscheidung, ob dem Kindeswohl eher durch eine gleichwertige Betreuung durch beide Eltern oder durch eine stärkere Kontinuität zu der Lebensumwelt am Wohnsitz eines Elternteils Rechnung getragen wird, obliegt allein den Eltern. Der Ausgestaltungsauftrag des Staates besteht lediglich darin, den Eltern ein normatives Angebot für die Sorge, die Betreuung bzw. den Umgang und den Kindesunterhalt zu unterbreiten, damit das jeweils gewählte Modell auch verwirklicht werden kann.[181] Denn ungeachtet der bisweilen ideologisch unterfütterten Kontroverse um die Einführung eines Wechselmodells[182] ist einerseits festzuhalten, dass die geteilte Betreuung, sofern sie aufgrund der Nähe der Elternhäuser möglich ist und kindeswohlorientiert ausgeübt wird, das Leitbild der gemeinsamen Trennungssorge geradezu idealtypisch verwirklichen kann. Andererseits gibt es aber keine gesicherten Befunde, die dafür sprechen, dass die geteilte Betreuung gegenüber dem Residenzmodell generell das für Trennungskinder bessere Modell darstellt.[183]

2. Kompetenzverteilung nach § 1687 Abs. 1 BGB

Die Regelung des § 1687 Abs. 1 BGB steht im Zusammenhang mit der Etablierung des Leitbildes der gemeinsamen Trennungssorge durch die Kindschaftsrechtsreform 1998. Damals bestand die Befürchtung, dass die Regelung des § 1627 BGB (einvernehmliche Ausübung der Sorge und Einigung bei Meinungsverschiedenheiten)[184] bei Trennungseltern zu ständigen Konflikten führen, das Funktionieren der gemeinsamen Sorge gefährden und damit letztlich die gemeinsame Trennungssorge infrage stellen könnte.[185] Tatsächlich dürfte es nicht unwahrscheinlich sein, dass die Erfolgsgeschichte der gemeinsamen Trennungssorge auch auf die abgestuften Entscheidungsbefugnisse des § 1687 Abs. 1 BGB zurückzuführen ist.[186] Von Seiten der Literatur gab es damals – neben kritischen Stimmen und abweichenden Vorschlägen – durchaus auch breite Zustimmung

---

[180] Daran ändert auch Ziff. 5.5 der Resolution 2079 (2015) nichts, denn diese ist nicht verbindlich und schränkt auch nicht die verfassungsrechtlichen Vorgaben ein (→ B 16).
[181] Vgl. auch *Kindler/Walper* NZFam 2016, 820 (823).
[182] Siehe Fn. 282.
[183] Dazu etwa *Salzgeber* NZFam 2014, 921 (924) mwN.
[184] Dazu ausführlich *Bloch* (Fn. 129) 70 ff., 76 ff.
[185] BT-Drs. 13/4899, 58; BT-Drs. 13/8511, 67. Dazu auch *Wend* (Fn. 127) 92 f. Ausführlich zur Gesetzgebungsgeschichte des § 1687 BGB und zu abweichenden Vorschlägen *Marinopoulos*, Entscheidungsrecht bei gemeinsamer elterlicher Sorge getrennt lebender Ehegatten in Deutschland und Australien, 2003, 34 ff., 118 ff.
[186] IdS auch *Hammer* (Fn. 175) 47 sowie *Proksch* (Fn. 73) 120 f. mit Hinweis darauf, dass die Akzeptanz der Regelung bei Eltern mit gemeinsamer Trennungssorge gut ist.

zu § 1687 Abs. 1 BGB.[187] In der Praxis scheint jedoch die Abgrenzung zwischen § 1687 Abs. 1 S. 1 und 2 BGB nur begrenzt zu funktionieren: Denn die Kasuistik zur Abgrenzung von Angelegenheiten des täglichen Lebens zu solchen, die für das Kind von erheblicher Bedeutung sind (nur dann ist im Elternkonflikt der Rechtsweg über § 1628 BGB eröffnet),[188] wird immer unübersichtlicher.[189] Andererseits gilt auch hier, dass die große Mehrheit der Eltern Angelegenheiten von erheblicher Bedeutung einvernehmlich löst.[190] Zudem sind keine überzeugenden Alternativvorschläge in Sicht, denn eine weitere Einschränkung der Angelegenheiten, in denen beide Eltern gemeinsam entscheidungsbefugt sind, widerspricht der Idee der gemeinsamen Trennungssorge. Schon jetzt führen die unterschiedlichen Entscheidungsbefugnisse der Eltern zu einer Aushöhlung der gemeinsamen Sorge, da ein sorgeberechtigter Elternteil, bei dem das Kind nicht seinen gewöhnlichen Aufenthalt hat, in allen Fragen, die nicht von erheblicher Bedeutung sind, wie ein „nur" umgangsberechtigter Elternteil behandelt wird[191] und damit im Bereich der Alltagssorge auch keine rechtlichen Vertretungsbefugnisse gegenüber Dritten hat.[192] Das Leitbild der gemeinsamen Elternverantwortung wird dadurch untergraben, zumal gerade auch für das Kind das „Alltägliche" von erheblicher Bedeutung sein kann. Da die Regelung des § 1687 Abs. 1 S. 2 BGB automatisch mit der Trennung der Eltern eintritt, sofern das Kind bei einem Elternteil seinen gewöhnlichen Aufenthalt hat,[193] muss sich der überwiegend betreuende Elternteil von vornherein nicht um eine Einigung iSd § 1627 S. 2 BGB bemühen und zwar auch dann nicht, wenn der andere Elternteil das Kind in erheblichem Umfang mitbetreut. Zu Recht weist daher *Wend* auf den Widerspruch hin, dass beim Fortbestand der gemeinsamen Sorge

---

[187] Dazu *Wend* (Fn. 127) 164 ff. mwN; Staudinger/*Salgo*, 2014, BGB § 1687 Rn. 26.
[188] § 1628 BGB wurde Ende der 1950er Jahre eingeführt und galt als Ausnahmevorschrift für Konflikte zusammenlebender Eltern. Erst durch die Einführung der gemeinsamen Trennungssorge hat die Norm stark an Bedeutung gewonnen.
[189] BeckOGK BGB/*Mehrle* (Fn. 162) § 1687 Rn. 20–93. Krit. daher Staudinger/*Salgo*, 2014, BGB § 1687 Rn. 27 ff. Zur Abgrenzungsproblematik *Marinopoulos* (Fn. 185) 71 ff., 93 ff., 117 (§ 1687 Abs. 1 BGB trage „eher zu Verwirrung und Unsicherheit als zu Klarheit und Rechtssicherheit" bei). Vgl. weiter *Meckling* (Fn. 75) 251 ff.; *Schilling* NJW 2007, 3233 (3234 ff.); *Götsche* FuR 2017, 418 ff.
[190] Nach *Proksch* (Fn. 73) 128 streiten 74 % der Eltern mit gemeinsamer Sorge und 70 % der Eltern mit Alleinsorge eines Elternteils nicht über Angelegenheiten von erheblicher Bedeutung.
[191] So auch schon *Schwab* FamRZ 1998, 457 (458): „Alleinsorge mit einer Mitbestimmung des anderen Teils in wichtigen Angelegenheiten." Krit. dazu *Meckling* (Fn. 75) 202 ff., 210 f.
[192] Krit. daher auch *Finke* NZFam 2014, 865 (866 f.).
[193] *Wend* (Fn. 127) 167 ff. verweist auf die Widersprüche zur BVerfG-Rspr. bzgl. der Elternverantwortung.

nach Trennung der Eltern deren Kooperationsfähigkeit und -bereitschaft in § 1671 Abs. 1 S. 1 BGB unterstellt werde, gleichzeitig aber § 1687 Abs. 1 BGB für die Ausgestaltung der gemeinsamen Sorge ein Modell vorsehe, „das in der Mehrzahl der zu treffenden Entscheidungen ohne Einvernehmen der Eltern auskomm[e]": „Während Eltern bei der Frage, ob sie trotz Trennung weiter gemeinsam sorgen wollen, im positiven Sinne ‚allein gelassen' werden, mischt sich der Staat mit seinem Mustermodell, das kaum Spielraum zu lassen scheint, maximal ein."[194]

Derzeit werden vor allem Neuinterpretationen und Reformvorschläge zu § 1687 Abs. 1 BGB diskutiert, die eine Anpassung der Norm an das Wechselmodell vorsehen. So wird von weiten Teilen der Literatur (und teilweise auch in der Rechtsprechung)[195] vertreten, dass § 1687 Abs. 1 S. 2 BGB bei Praktizierung eines Wechselmodells so ausgelegt werden müsse, dass die Alltagssorge zwischen den Eltern wechsle, dh an den jeweiligen Aufenthalt des Kindes, das in diesem Fall zwei gewöhnliche Aufenthalte habe, zu koppeln sei.[196] Teilweise wird auch vertreten, dass bei einem Wechselmodell die Regelung des § 1687 Abs. 1 S. 2 BGB nicht mehr zur Anwendung komme, weil ein gewöhnlicher Aufenthalt des Kindes bei keinem Elternteil vorliege. Demzufolge müssten die Trennungseltern alle Entscheidungen nach § 1627 BGB einvernehmlich treffen.[197] Begründet wird diese Auffassung damit, dass ein Wechselmodell in erhöhtem Maße Absprachen der Eltern verlange, sodass erwartet werden könne, dass die Eltern auch im Bereich der Alltagssorge Einvernehmen erzielen.[198] Freilich überzeugt schon das Argument, dass das Kind im Falle eines Wechselmodells keinen gewöhnlichen Aufenthalt habe, nicht. Denn ein gewöhnlicher Aufenthalt des Kindes in beiden Elternhäusern kann selbst dann vorliegen, wenn ein asymmetrisches Betreuungsmodell praktiziert wird.[199]

---

[194] *Wend* (Fn. 127) 170 f. Zur Problematik auch ausführlich *Meckling* (Fn. 75) 195 ff., 208 f.

[195] Etwa OLG Schleswig BeckRS 2014, 11411; AG Erfurt ZKJ 2013, 31 (33, 35) (Anm *Gottschalk*).

[196] So *Hammer* FamRZ 2015, 1433 (1436); ders. (Fn. 175) 48 ff., 53, 56; *Finke* NZFam 2014, 865 (867); *Jokisch* FuR 2013, 679 (680); *Schmid* NZFam 2016, 818 (820); BeckOK BGB/*Veit* (15.6.2017) § 1687 Rn. 23; MüKoBGB/*Hennemann*, 7. Aufl. 2017, § 1687 Rn. 18; Staudinger/*Salgo*, 2014, BGB § 1687 Rn. 15; Erman/*Döll*, 15. Aufl. 2017, BGB § 1687 Rn. 3.

[197] Etwa *Sünderhauf* (Fn. 8) 495; *Bergmann* ZKJ 2013, 489; *Kaiser* FPR 2008, 143 (145).

[198] Dazu insgesamt (unter Darstellung des Meinungsstandes) *Damljanovic* (Fn. 56) 109 ff.; jurisPK-BGB/*Poncelet/Onstein*, 8. Aufl. 2017, § 1687 Rn. 5; BeckOGK BGB/ *Mehrle* (Fn. 162) § 1687 Rn. 96. Abl. BeckOK BGB/*Veit* (Fn. 196) § 1687 Rn. 21.

[199] Vgl. auch *Koch* FuR 2016, 265 (267). Im Sozialrecht ist anerkannt, dass eine Person mehrere gewöhnliche Aufenthalte haben kann; dazu *Mrozynski* SGB I 5. Aufl.

Schließlich ist umstritten, ob und in welchem Umfang die Eltern eine von § 1687 Abs. 1 S. 2 BGB abweichende Vereinbarung treffen können. Dass eine Elternvereinbarung nicht zur vollständigen Aushöhlung der gemeinsamen Sorge führen darf, wie es etwa der Fall wäre, wenn die Eltern in Abweichung zu § 1687 Abs. 1 S. 1 BGB dauerhaft die Alleinzuständigkeit eines Elternteils für alle Entscheidungen von erheblicher Bedeutung vereinbaren würden, steht außer Frage.[200] Jedoch ist auch umstritten, ob die Eltern bei unterschiedlich hohen Betreuungsanteilen vereinbaren können, dass die Alltagssorge des überwiegend betreuenden Elternteils (einschließlich des Alleinvertretungsrechts)[201] generell dahingehend eingeschränkt werden soll, dass in der Zeit, in der das Kind beim mitbetreuenden Elternteil ist, dieser allein entscheidet und das Kind auch allein nach außen vertritt.[202] Unklar ist weiter, ob die Eltern vereinbaren können, dass bei einer geteilten Betreuung die Regelung des § 1687 Abs. 1 S. 2 BGB nicht zur Anwendung kommt, sondern die Grundregel des § 1627 BGB auch für Entscheidungen der Alltagssorge gilt.[203] Die Auffassung, dass die Ausgestaltung der Trennungssorge durch die Eltern nicht nur im Hinblick auf den unabdingbaren Kernbereich der Sorge, sondern unabhängig davon in weiten Teilen unzulässig sei, ist jedoch angesichts der verfassungsrechtlichen Vorgaben,[204] wonach die Trennungseltern die Ausübung der Elternverantwortung nach ihren Vorstellungen weitgehend frei gestalten können,[205] nur schwer nachvollziehbar.[206] Zwar bedarf die Elternverantwortung der gesetz-

---

2014 § 30 SGB I Rn. 26. Nach der Legaldefinition des § 30 Abs. 3 S. 2 SGB I hat jemand seinen gewöhnlichen Aufenthalt dort, „wo er sich unter Umständen aufhält, die erkennen lassen, daß er an diesem Ort oder in diesem Gebiet nicht nur vorübergehend verweilt".

[200] So auch *Meckling* (Fn. 75) 215 f. mit Hinweis darauf, dass für einzelne Angelegenheiten von erheblicher Bedeutung ein Elternteil ermächtigt werden kann, allein zu entscheiden.

[201] Die Alleinvertretungsbefugnis des betreuenden Elternteils ist ausdrücklich nur für die Geltendmachung des Kindesunterhalts geregelt (§ 1629 Abs. 2 S. 2 BGB). Nach hL umfasst die Kompetenzverteilung nach § 1687 Abs. 1 S. 2 BGB aber auch die gesetzliche Vertretung im Bereich der Alltagssorge. Dazu Staudinger/*Salgo*, 2014, BGB § 1687 Rn. 50; *Finke* NZFam 2014, 865 (866); *Meckling* (Fn. 75), 277; *Bloch* (Fn. 129) 87 ff. Vgl. auch die in BT-Drs. 13/4899, 107 f. genannten Entscheidungen zur Alltagssorge, die nur mittels gesetzlicher Vertretung umsetzbar sind.

[202] Dazu Staudinger/*Salgo*, 2014, BGB § 1687 Rn. 13; Johannsen/Henrich/*Jaeger*, Familienrecht, 6. Aufl. 2015, BGB § 1687 Rn. 11.

[203] Dazu BeckOK BGB/*Veit* (Fn. 196) § 1687 Rn. 13. Insgesamt zur Problematik auch *Marinopoulos* (Fn. 185) 65 ff.; MüKoBGB/*Hennemann* (Fn. 196) § 1687 Rn. 8.

[204] Vgl. auch *Meckling* (Fn. 75) 204; jurisPK-BGB/*Poncelet/Onstein*, 8. Aufl. 2017, § 1687 Rn. 5.

[205] St. Rspr. BVerfGE 24, 119 (143 f.); 31, 194 (204); 60, 79 (88).

[206] Vgl. auch *Meckling* (Fn. 75) 215 ff., 296 f., 366.

lichen Ausgestaltung, allerdings darf der Gesetzgeber nur dann eine das Elternrecht einschränkende Regelung schaffen, wenn sich die Eltern „über die Ausübung ihrer Elternverantwortung nicht einigen können".[207] Bei einer verfassungskonformen Auslegung des § 1687 Abs. 1 S. 2 BGB müsste somit eine abweichende Vereinbarung der Trennungseltern zur Alltagssorge vorgehen.[208]

Um den verfassungsrechtlichen Vorgaben stärker Rechnung zu tragen, schlägt *Wend* vor, die Eltern zum Abschluss einer Vereinbarung über die Ausübung der Sorge zu motivieren, sodass nur dann, wenn sich die Eltern nicht einigen können, ein Bedarf für gesetzliche Vorgaben zur Ausübung der Sorge bestünde.[209] Diesem Vorschlag ist zuzustimmen, zumal er nicht nur die Elternautonomie bei gemeinsamer Sorge stärkt, sondern auch mit allen Betreuungsmodellen vereinbar wäre. Treffen die Eltern keine Vereinbarung, dann sollte *de lege ferenda* die Alltagssorge mit dem Aufenthalt des Kindes wechseln, und zwar auch dann, wenn keine geteilte Betreuung praktiziert wird.[210] Bedenken ergeben sich insoweit lediglich im Hinblick auf Alltagsangelegenheiten, die von einer gewissen Dauer sind und Vertragsverhältnisse mit Dritten erfordern (Musikunterricht, Eintritt in den Sportverein etc.). Es ließe sich aber vertreten, dass Freizeitaktivitäten, die zum Abschluss eines Vertrages mit einer gewissen Dauer führen, keine häufig vorkommenden Angelegenheiten sind, zumal diese das Budget der Trennungsfamilien auch monatlich belasten. Zudem kann die Entscheidung, eine bestimmte Sportart auszuüben oder ein bestimmtes Instrument zu erlernen, auch nachhaltigen Einfluss auf die Entwicklung und das Wohl des Kindes haben. Typischerweise werden solche Angelegenheiten daher auch bei zusammenlebenden Eltern gemeinsam entschieden, zumal sie nicht selten auch persönliches Engagement der Eltern verlangen. Unabhängig davon könnten Eltern anlässlich der Trennung vereinbaren, dass solche Entscheidungen den Angelegenheiten von erheblicher Bedeutung

---

[207] BVerfG FamRZ 2015, 1585 (1586).
[208] Dies gilt selbst dann, wenn mit *Meckling* (Fn. 75) 194, 206 davon auszugehen wäre, dass grundsätzlich nur die Regulierung der gemeinsamen Trennungssorge durch vorgegebene Zuständigkeitsbereiche beider Eltern als typisierende Lösung dem Kindeswohl in der Trennungssituation (aufgrund der „Annahme einer besonderen Konfliktanfälligkeit des Elternverhältnisses") am besten Rechnung trüge.
[209] Dazu ausführlich *Wend* (Fn. 127) 173 ff., 188 f., der darüber hinaus die Eltern zur Entwicklung eines verbindlichen „Sorgeplans" verpflichten möchte. Diesem Vorschlag wird hier nicht gefolgt, da ein Zwang zum Abschluss einer Elternvereinbarung die Elternautonomie einschränkt und daher über das Ziel hinausschießt. Krit. zur Vorlage eines „Sorgeplans" schon BT-Drs. 13/4899, 64.
[210] In eine ähnliche Richtung weist der Vorschlag des AK 8 in 22. DFGT, 2017, 102 (103), wonach ein Alleinvertretungsrecht beider Eltern im Bereich der Alltagssorge eingeführt werden soll (Ziff. 5).

gleichgestellt werden, sodass dann eine gemeinsame Entscheidung erforderlich wäre. In jedem Fall sollte aber vorgesehen werden, dass auf Antrag eines Elternteils die Übertragung der Alltagssorge (einschließlich des Alleinvertretungsrechts) gerichtlich angeordnet werden kann, um auf diese Weise die Rechtslage des derzeit geltenden § 1687 Abs. 1 S. 2 BGB herzustellen. Diese Lösung käme etwa dann in Betracht, wenn sich herausstellt, dass eine Elternvereinbarung in der Praxis nicht funktioniert oder die Elternkonflikte sogar noch verstärkt. Diesen Überlegungen entsprechend könnte § 1687 Abs. 1 S. 2–4 BGB (unter Beibehaltung von S. 1 und 5) folgendermaßen gefasst werden:[211]

> § 1687 Abs. 1 S. 2–4 BGB-RV: *Ausübung der gemeinsamen Sorge bei Getrenntleben.*
> [...] ²<u>Solange sich das Kind bei einem Elternteil mit Einwilligung des anderen Elternteils oder auf Grund einer gerichtlichen Entscheidung aufhält, hat dieser die Befugnis zur alleinigen Entscheidung in Angelegenheiten des täglichen Lebens (Alltagssorge), soweit zwischen den Eltern keine anderweitige Vereinbarung getroffen wurde.</u> ³<u>Auf Antrag eines Elternteils kann das Gericht anordnen, dass die Alltagssorge diesem Elternteil übertragen wird, wenn dies dem Wohl des Kindes am besten entspricht.</u> ⁴<u>Der Elternteil, dem aufgrund einer Elternvereinbarung oder einer gerichtlichen Entscheidung die Alltagssorge nicht zusteht,</u> hat die Befugnis zur alleinigen Entscheidung in Angelegenheiten der tatsächlichen Betreuung, solange sich das Kind mit Einwilligung des anderen Elternteils oder auf Grund einer gerichtlichen Entscheidung bei diesem Elternteil aufhält. [...]

3. Elternvereinbarungen über die Betreuung oder den Umgang

a) Voraussetzungen und Verbindlichkeit einer Elternvereinbarung

In einer privat getroffenen Elternvereinbarung können Einzelheiten der Wahrnehmung der Elternverantwortung geregelt werden.[212] Da bis zur Grenze der Kindeswohlgefährdung die Vermutung besteht, dass die elterliche Verantwortung kindeswohlgemäß ausgeübt

---

[211] § 1687 Abs. 1 S. 2 BGB-RV entspricht dem Vorschlag von *Wend* (Fn. 127) 189. Ob neben diesem Reformvorschlag noch Raum für § 1687 Abs. 2 BGB bleibt, erscheint fraglich, zumal die Norm ohnehin nur selten zur Anwendung kommt (vgl. nur OLG Brandenburg NJW-RR 2016, 1347). Auch die Legaldefinition der Alltagssorge in § 1687 Abs. 1 S. 3 BGB könnte ggf. gestrichen werden.

[212] Dazu ausführlich *Hammer* (Fn. 175) 42–69 sowie 85 ff., 89 ff. zur Elternvereinbarung vor einem Notar oder mit anwaltlicher Hilfe.

wird,²¹³ hat der Staat zu respektieren, dass die Eltern frei entscheiden, wie sie ihrer Elternverantwortung gerecht werden.²¹⁴ Das Ziel, die Ausarbeitung einvernehmlicher Lösungen durch die Trennungseltern zu fördern, lag bereits der Kindschaftsrechtsreform 1998 und vor allem der FGG-Reform 2008 zugrunde.²¹⁵ Tatsächlich regeln ca. 60 % der Trennungseltern mit gemeinsamer Sorge die anstehenden Fragen ohne Inanspruchnahme des Gerichts.²¹⁶ Die meisten Eltern dürften auch in der Lage sein, die getroffene Vereinbarung im Laufe der Zeit immer wieder neu an die Entwicklung des Kindes und an die Dynamiken in zwei Trennungsfamilien anzupassen.²¹⁷ Das Kindschaftsrecht sieht für eine Elternvereinbarung zum Umgang oder zur geteilten Betreuung²¹⁸ keine besonderen Voraussetzungen, insb. keine Formvorschriften, vor.²¹⁹ Daher kann die Elternvereinbarung auch jederzeit von den Eltern geändert werden.²²⁰ Freilich setzt dies voraus, dass sich die Eltern immer wieder erneut auf eine kindeswohlorientierte Lösung einigen. Sofern nur ein Elternteil an der Vereinbarung nicht mehr festhalten will, kann bzgl. des Umgangs eine gerichtliche Entscheidung nach § 1684 Abs. 3 S. 1 BGB herbeigeführt werden.²²¹ Das Antragsziel kann dabei sowohl eine „Bestäti-

---

²¹³ Dazu *Hammer* (Fn. 175) 36, 201 ff.
²¹⁴ BVerfG FamRZ 1995, 86 f. IdS auch MüKoBGB/*Hennemann* (Fn. 196) § 1684 Rn. 17, 23; *Hilbig-Lugani* in FS für Dieter Martiny, 2014, 89 (93).
²¹⁵ BT-Drs. 13/4899, 75, 133; BT-Drs. 16/6308, 2, 164, 236 f. Vgl. weiter *Hammer* (Fn. 175) 98 ff., 108 ff.; *Ivanits*, Die Stellung des Kindes in auf Einvernehmen zielenden gerichtlichen und außergerichtlichen Verfahren in Kindschaftssachen, 2012, 147 ff., 164 ff., 219 f.
²¹⁶ Dazu *Meckling* (Fn. 75) 321. Vgl. auch die Angaben bei *Hammer* (Fn. 175) 82 f.
²¹⁷ Nach *Proksch* (Fn. 73) 157 ff. werden in den wenigsten Fällen Umgangsprobleme durch gerichtliche Entscheidung gelöst, nämlich nur bei ca. 9 % der Eltern mit gemeinsamer Sorge und bei ca. 16 % der Eltern mit Alleinsorge eines Elternteils (die Angaben beziehen sich nur auf Eltern mit Umgangsproblemen). Im Jahr 2016 waren insgesamt rund 54.000 Verfahren zum Umgangsrecht anhängig; die Zahl ist seit Jahren konstant. Dazu *Statistisches Bundesamt* (Destatis) 2016, Fachserie 10 Reihe 2.2 Rechtspflege – Familiengerichte, 2017, 11, 18 (https://www.destatis.de/DE/Publikationen/Thematisch/Rechtspflege/GerichtePersonal/Familiengerichte210022 0167004.pdf?__blob=publicationFile).
²¹⁸ Zur Zulässigkeit einer Vereinbarung über ein Wechselmodell BGH FamRZ 2017, 532 (534 Rn. 20).
²¹⁹ Die wesentlichen Regelungen zum Abschluss von Verträgen (Geschäftsfähigkeit usw.) sind zumindest entsprechend anwendbar. Zur Problematik ausführlich *Hammer* (Fn. 175) 154 ff., 159 ff.
²²⁰ Dazu *Hammer* (Fn. 175) 165 ff.
²²¹ Nach *Hammer* (Fn. 175) 212 ff. soll auch eine private Elternvereinbarung nur unter den Voraussetzungen des § 1696 Abs. 1 S. 1 BGB analog abänderbar sein. Da jedoch bei Regelungen zum Umgang und zur geteilten Betreuung der Kontinuitätsgedanke mit der Notwendigkeit einer flexiblen Anpassung im Widerstreit steht (→ B 69), sollte § 1696 Abs. 1 S. 1 BGB nicht im Wege einer Analogie erweitert wer-

gung" der vorliegenden Elternvereinbarung[222] als auch deren Änderung sein.

Folgt man der Rechtsprechung des BGH, so wäre diese Vorgehensweise auch bei allen Formen der geteilten Betreuung bis hin zu einem paritätischen Wechselmodell eröffnet: Denn nach Ansicht des BGH „enthält das Gesetz keine Beschränkung des Umgangsrechts dahingehend, dass vom Gericht angeordnete Umgangskontakte nicht zu hälftigen Betreuungsanteilen der Eltern führen dürfen".[223] Diese Einordnung ist von Seiten des Vorstandes des DFGT stark kritisiert worden: Es handle sich um einen „terminologischen Etikettenwechsel", der in der Sache nicht überzeuge.[224] Richtig ist, dass Sinn und Zweck des Umgangs der Erhalt bzw. die Herstellung einer Beziehung zwischen dem Kind und dem extern lebenden Elternteil (§ 1684 BGB) ist,[225] nicht hingegen die Wahrnehmung der Elternverantwortung in Form einer geteilten (paritätischen oder asymmetrischen) Betreuung des Kindes. Demzufolge ordnet auch der BGH „die im Wechselmodell praktizierte Betreuung" (etwas widersprüchlich, aber im Ergebnis richtig) als „Sorgerechtsausübung" ein.[226] Nach der Dogmatik des Kindschaftsrechts sind Sorge und Umgang jedoch verschiedene Institute, die auch nicht beliebig austauschbar sind.[227] Zudem sind auch die Folgen der „umgangsrechtlichen Lösung"[228] dogmatisch unbefriedigend: Sämtliche Regelungen des gel-

---

den. Allerdings kann einer privaten Elternvereinbarung vor Gericht durchaus eine gewisse Indizwirkung zukommen; dazu BGH NJW 2011, 2360 (2365).

[222] Kommt das Gericht zu dem Ergebnis, dass die private Elternvereinbarung zum Umgang dem Kindeswohl am besten entspricht, dann hat es eine inhaltlich der Elternvereinbarung entsprechende Umgangsregelung zu treffen. Diese Regelung ist dann vollstreckbar und nur noch gemäß § 1696 Abs. 1 S. 1 BGB abänderbar. Vgl. etwa OLG Jena BeckRS 2016, 14007, Rn. 6, 18 (Bestätigung einer großzügigen Umgangsregelung unter Ablehnung des beantragten Wechselmodells).

[223] BGH FamRZ 2017, 532 (533 Rn. 15).

[224] *Stellungnahme des Vorstandes des DFGT* FamRZ 2017, 584 (585). Krit. auch *Hennemann* NJW 2017, 1787 ff.

[225] St. Rspr. seit BGHZ 42, 364 (371): Das Umgangsrecht solle es dem extern lebenden Elternteil „ermöglichen, sich von dem körperlichen und geistigen Befinden des Kindes und dessen Entwicklung durch Augenschein und gegenseitige Aussprache fortlaufend zu überzeugen, die verwandtschaftlichen Beziehungen zu dem Kinde aufrechtzuerhalten und einer Entfremdung vorzubeugen, aber auch dem Liebesbedürfnis beider Teile Rechnung zu tragen." Ähnlich BGH NJW 1999, 1344 (1345). Zur Funktion des Umgangs etwa auch BVerfGE 121, 69 (92 ff.); *Damljanovic* (Fn. 56) 73 f.; *Schulze*, Das Umgangsrecht, Die deutsche Reform im Kontext europäischer Rechtsentwicklung, 2001, 34 ff.; *Zimmer* (Fn. 79) 238 ff.

[226] BGH FamRZ 2017, 532 (534 Rn. 20).

[227] IdS auch *Damljanovic* (Fn. 56) 74 ff. Zur Problematik auch *Kinderrechtekommission DFGT* FamRZ 2014, 1157 (1162).

[228] Insoweit wird der von *Hammer* FamRZ 2015, 1433 (1437) verwendeten Terminologie gefolgt, der die Anordnung einer geteilten Betreuung nach § 1684 Abs. 3 S. 1

tenden Rechts, die sich auf den Umgang beziehen, sind anwendbar, dh alle Absätze des § 1684 BGB, aber bspw. auch die Regelung des § 156 Abs. 3 FamFG (Erlass einer einstweiligen Anordnung, die nach § 57 S. 1 FamFG nicht anfechtbar wäre).[229] Theoretisch könnte ein Wechselmodell auch im Rahmen einer Umgangsregelung bei Alleinsorge eines Elternteils angeordnet werden, obwohl dem nicht sorgeberechtigten, aber paritätisch mitbetreuenden Elternteil dann nur die Befugnisse nach § 1687a BGB zustünden.[230] Bereits diese Überlegungen zeigen, dass die BGH-Lösung lediglich eine vor dem Hintergrund der Defizite des geltenden Rechts erklärbare Notlösung ist, die für eine Reform nicht richtungsweisend sein kann. Aber auch die alternativ dazu vertretene „sorgerechtliche Lösung" über § 1671 Abs. 1 S. 2 Nr. 2 BGB überzeugt nicht: Danach kann der Elternteil, der an der bisher praktizierten geteilten Betreuung festhalten will, einen Antrag auf Übertragung des Aufenthaltsbestimmungsrechts stellen, dem dann (bei Vorliegen der Voraussetzungen der Norm) in der Erwartung stattgegeben wird, dass der Antragsteller das Modell der geteilten Betreuung in der bislang praktizierten Form fortführt.[231] Abgesehen davon, dass diese Lösung im Widerspruch zu der Idee der geteilten Betreuung steht, mutet sie in Fällen, in denen sich die Eltern nur über die Modalitäten der Betreuung uneinig sind, einem Elternteil zu, einen „überschießenden" Antrag zu stellen, der zu einem (regelmäßig nicht zu rechtfertigenden) Eingriff in das Elternrecht des anderen Elternteils (Entzug des Aufenthaltsbestimmungsrechts) führen soll.[232] Daher hat auch das BVerfG dieser Vorgehensweise eine Absage für Fälle erteilt, in denen sich die Eltern trotz bestehender Konflikte über wesentliche Fragen der Sorge verständigen können und insb. mit der praktizierten Betreuung der Kinder im Wechsel zufrieden sind.[233] Insgesamt passt § 1671 Abs. 1 BGB nicht für die Lösung von Elternkonflikten über eine geteilte Betreuung, da die Norm den Status der Sorge und nicht die Ausübung der gemeinsamen Sorge betrifft.[234] Die Probleme mit den beiden „Notlösungen" über § 1684 Abs. 3 S. 1 oder § 1671 Abs. 1 S. 2 Nr. 2 BGB ließen sich daher nur mit der Schaffung einer Neurege-

---

BGB als „umgangsrechtliche Lösung" und die Regelung über § 1671 Abs. 1 BGB als „sorgerechtliche Lösung" bezeichnet.
[229] Zur Problematik auch OLG München FamRZ 2016, 2120 f.
[230] Krit. dazu *Hennemann* NJW 2017, 1787 (1788).
[231] Etwa OLG Jena BeckRS 2016, 16301; AG Duisburg BeckRS 2015, 07312. Abl. MüKoBGB/*Hennemann* (Fn. 196) § 1671 Rn. 29 ff.
[232] Vgl. auch *Kinderrechtekommission DFGT* FamRZ 2014, 1157 (1163); OLG Köln BeckRS 2016, 15829; OLG Naumburg NJW 2015, 494 f.
[233] BVerfG FF 2009, 416 f. (419).
[234] So auch Staudinger/*Coester*, 2016, BGB § 1671 Rn. 51 f.; *Damljanovic* (Fn. 56) 91.

lung zur Schlichtung von Elternkonflikten bei geteilter Betreuung vermeiden (→ C.III.2).

b) Erweiterung des gerichtlich gebilligten Vergleichs nach § 156 Abs. 2 FamFG

Der gerichtlich gebilligte Vergleich nach § 156 Abs. 2 FamFG ist auf Regelungen zum Umgang oder zur Herausgabe des Kindes beschränkt. Eine Ausdehnung des Abs. 2 auf Verfahren, die die Trennungssorge betreffen, im Wege einer analogen Anwendung der Norm scheidet aus,[235] da keine planwidrige Regelungslücke besteht.[236] Der Bundesrat hatte nämlich in seiner Stellungnahme zum Regierungsentwurf des FGG-Reformgesetzes ausdrücklich eine entsprechende Erweiterung der Norm vorgeschlagen,[237] die die Bundesregierung mit folgender Begründung abgelehnt hat:

> „In Bezug auf die elterliche Sorge und das Aufenthaltsbestimmungsrecht als eines Teilbereiches hieraus ist ein gerichtlich gebilligter Vergleich ausgeschlossen, weil die Beteiligten hierüber nicht disponieren können. Insoweit gelten die Vorschriften des materiellen Rechts, das die Übertragungen der elterlichen Sorge auf einen Elternteil an eine gerichtliche Entscheidung und an bestimmte Voraussetzungen knüpft (§§ 1671, 1672 und 1680 Abs. 2, 3 BGB)."[238]

Diese Begründung zeigt deutlich, dass zwar eine einvernehmliche Regelung der Eltern über den Status der Sorge ausgeschlossen sein sollte, es aber gerade nicht um die Ausübung der gemeinsamen Sorge (Regelung eines bestimmten Betreuungsmodells) ging. Zudem können Trennungseltern seit 2017 nach der Rechtsprechung des BGH auch eine geteilte Betreuung als Umgangsregelung vereinbaren und nach § 156 Abs. 2 FamFG durch gerichtlichen Beschluss bestätigen lassen.[239] Da eine Elternvereinbarung über die Betreuung nicht den Status der Sorge berührt, sollte daher § 156 Abs. 2 FamFG *de lege ferenda* dahingehend ergänzt werden, dass eine einvernehmliche Regelung auch über die Betreuung des Kindes getroffen werden kann.[240] Die Vorteile einer gerichtlichen Billigung der Elternvereinbarung liegen auf der Hand: So wäre das Kind nach § 159 FamFG anzuhören, ein verfahrensfähiges, über 14 Jahre altes Kind (§§ 7

---

[235] Zur Problematik auch BeckOK BGB/*Veit* (Fn. 196) § 1696 Rn. 12.
[236] So auch *Damljanovic* (Fn. 56) 87.
[237] BT-Drs. 16/6308, 376.
[238] BT-Drs. 16/6308, 414.
[239] BGH FamRZ 2017, 532 (534f. Rn. 21, 23). So auch schon *Hammer* FamRZ 2015, 1433 (1437f.).
[240] Vgl. auch *Hammer* FamRZ 2018, 229 (233); AK 8 in 22. DFGT, 2017, 102 (104, Ziff. 7); *Empfehlung des Vorstands* ebd., 135 (140, C.III.2); *Marchlewski* in Coester-Waltjen/Lipp/Schumann/Veit (Fn. 19), erscheint 2018. Vgl. auch Staudinger/*Coester*, 2016, BGB § 1671 Rn. 61.

Abs. 2 Nr. 1, 9 Abs. 1 Nr. 3 FamFG) müsste als Beteiligter der Regelung selbst zustimmen und das Gericht müsste die einvernehmliche Regelung einer negativen Kindeswohlprüfung unterziehen (§ 156 Abs. 2 S. 2 FamFG).[241] Mit der gerichtlichen Billigung erhielten die Eltern eine verbindliche Entscheidung, die einseitig nur unter den Voraussetzungen des § 1696 Abs. 1 S. 1 BGB abänderbar wäre,[242] sowie einen Vollstreckungstitel nach § 86 Abs. 1 Nr. 2 FamFG.[243] Im Gegensatz zu anderen Reformvorschlägen, die eine Erweiterung des § 156 Abs. 2 FamFG nur für ein annähernd paritätisches Wechselmodell vorsehen wollen,[244] sollten jedoch auch asymmetrische Betreuungsmodelle einbezogen werden. Dementsprechend wäre § 156 Abs. 2 FamFG wie folgt zu ergänzen:

> **§ 156 Abs. 2 FamFG-RV** *Hinwirken auf Einvernehmen.*
> ¹*Erzielen die Beteiligten Einvernehmen über den Umgang, die Betreuung oder die Herausgabe des Kindes, ist die einvernehmliche Regelung als Vergleich aufzunehmen, wenn das Gericht diese billigt (gerichtlich gebilligter Vergleich).* ²*Das Gericht billigt die Regelung, wenn sie dem Kindeswohl nicht widerspricht.*

---

[241] Dazu MüKoFamFG/*Schumann*, 3. Aufl. 2018 (im Erscheinen), § 156 Rn. 18 ff., 22.

[242] Eine einvernehmliche privatautonome Änderung steht den Eltern jederzeit frei. Dazu auch *Kinderrechtekommission DFGT* FamRZ 2014, 1157 (1162).

[243] Dazu MüKoFamFG/*Schumann* (Fn. 241) § 156 Rn. 28 ff. Für einen vollstreckbaren Titel müssten die Betreuungszeiten genau festgelegt sein (etwa dahingehend, dass das Kind in den ungeraden Wochen bei der Mutter und in den geraden Wochen beim Vater lebt). Dazu *Hammer* FamRZ 2015, 1433 (1437).

[244] So etwa *Damljanovic* (Fn. 56) 89.

C. Lösung von Elternkonflikten

I. Elternkonflikte im System des Kindschaftsrechts, des FamFG und des SGB VIII

Das geltende Recht teilt Elternkonflikte in verschiedene Konstellationen ein, wobei ein durchgängig kohärentes System bei der Lösung dieser Konflikte nicht erkennbar ist: Dies gilt insb. für die vorgesehenen Kindeswohlprüfungsmaßstäbe[245] (→ C.II, D.I.1) und für die bereits angesprochene Frage, wann ein Verfahren nur auf Antrag eingeleitet werden darf (→ C.I.2). Ein Grund hierfür könnte darin liegen, dass das Kindschaftsrecht nicht nur durch große programmatische Reformen, sondern auch durch zahlreiche punktuelle, der Rechtsprechung des BVerfG (und teilweise des EGMR) geschuldete Änderungen geprägt ist.[246] Zudem wurden einzelne Regelungen ungeachtet ihres historischen Kontextes bis heute weitgehend unverändert „mitgeschleppt" (zu § 1696 Abs. 1 S. 1 BGB → B.I.3). Neben der Etablierung einer Regelung zur gerichtlichen Anordnung der geteilten Betreuung (→ C.III) sollte es daher auch Ziel einer Reform sein, bestehende Widersprüche zu beseitigen, einen Gleichlauf von Kindschafts- und Verfahrensrecht herzustellen und insgesamt das Regelungskonzept bei Elternkonflikten übersichtlicher zu gestalten.

Des Weiteren sollte das Beratungskonzept der §§ 17f. SGB VIII[247] so überarbeitet werden, dass sich die Beratung auf alle Betreuungsmodelle erstreckt. Dabei sollte ein ganzheitliches und ergebnisoffenes Beratungsangebot für alle Trennungseltern zu Fragen der Ausübung der elterlichen Sorge, des Betreuungsmodells (einschließlich der Folgen für den Kindesunterhalt) und des Umgangs zur Verfü-

---

[245] Krit. etwa *Osthold* (Fn. 31) 387 ff.

[246] So hat etwa das Gesetz zur Reform der elterlichen Sorge nicht miteinander verheirateter Eltern von 2013 Wertungswidersprüche zwischen dem neuen § 1626a Abs. 2 BGB und § 1671 Abs. 1 S. 2 Nr. 2 BGB hervorgerufen, die der BGH (BGHZ 211, 22) inzwischen korrigiert hat (→ B 59). Einen Überblick zu den großen und kleinen Reformen seit den 1950er Jahren gibt *Osthold* (Fn. 31) 347–372.

[247] Schon bislang wird die Beratung nach §§ 17f. SGB VIII von einem großen Teil der Trennungseltern in Anspruch genommen; dazu *Hammer* (Fn. 175) 108 ff. Allerdings ist der Anspruch auf Beratung und Unterstützung nach § 18 Abs. 1 SGB VIII nur auf das Residenzmodell zugeschnitten. Zu den Wünschen der Trennungseltern in Bezug auf das psychologische und rechtliche Beratungsangebot *Institut für Demoskopie Allersbach* (Fn. 1) 52 f.

gung gestellt werden.²⁴⁸ Da „die einvernehmliche Gestaltung der (gesamten) elterlichen Verantwortung den Kindern und Jugendlichen am besten hilft, die mit der Trennung und Scheidung verbundenen Belastungen zu verarbeiten",²⁴⁹ und auch positive Effekte auf die Beziehung zwischen Kind und umgangsberechtigtem Elternteil hat,²⁵⁰ sollte es das vorrangige Ziel sein, die Eltern bei der Ausarbeitung einer Elternvereinbarung zu unterstützen. Daher sollte im Rahmen einer Reform auch geprüft werden, in welchem Umfang finanzielle Mittel zur Lösung von Elternkonflikten durch Mediation (Angebot einer staatlich bezuschussten Mediation bzw. Einführung einer Mediationskostenhilfe) zur Verfügung gestellt werden können, da eine im Wege der Mediation erarbeitete einvernehmliche Regelung deutlich nachhaltiger als eine Entscheidung durch das Gericht ist.²⁵¹

1. Verbund von Sorge, Betreuung und Umgang?

Seit Kurzem wird eine einheitliche Regelung für alle kindschaftsrechtlichen Anordnungen zur Schlichtung eines Elternkonflikts diskutiert. So wurde auf dem 22. DFGT 2017 vom AK 8 „Reformansätze im Sorge- und Umgangsrecht" (unter der Leitung von *Hammer* und *Kannegießer*) vorgeschlagen, dass eine Aufhebung der gemeinsamen Sorge nur noch in Fällen einer Kindeswohlgefährdung erfolgen solle und zudem „ein einheitlicher Tatbestand zur gerichtlichen Regelung der Ausübung der elterlichen Verantwortung" zu schaffen sei:

„Auf Rechtsfolgenseite sollten die möglichen gerichtlichen Anordnungsmöglichkeiten als ‚Werkzeugkasten' (ähnlich wie in § 1666 Absatz 3 BGB) geregelt werden, zB
– Festlegung der Betreuung des Kindes vom punktuellen Umgang bis zur geteilten Betreuung, Anordnung von begleitetem Umgang, Umgangspflegschaft, Umgangsausschluss

---

²⁴⁸ *SFK 3 des DIJuF* FamRZ 2017, 1299 f.; *DIJuF-Rechtsgutachten v. 18.9.2015* JAmt 2015, 549 f.
²⁴⁹ *DIJuF-Rechtsgutachten v. 18.9.2015* JAmt 2015, 549 mwN. Ähnlich *Meckling* (Fn. 75) 536.
²⁵⁰ *Marten* (Fn. 72) 90, 201, 261.
²⁵¹ Zu den Vorteilen und der Nachhaltigkeit einer Beilegung des Elternkonflikts durch Mediation *Greger*, Mediation und Gerichtsverfahren in Sorge- und Umgangsrechtskonflikten, 2010, 64 ff., 69 ff., 129 ff. Zur Problematik auch *Fichtner/Dietrich/Halatcheva/Hermann/Sandner*, Kinderschutz bei hochstrittiger Elternschaft, 2010, 63 ff., 74 (https://www.dji.de/fileadmin/user_upload/bibs/6_Hochkonflikthaftigkeit WissenschaftlicherAbschlussbericht.pdf). In jedem Fall wäre über die Einführung einer Mediationskostenhilfe nachzudenken, da die Kosten einer Mediation im Verhältnis zu den Kosten eines Gerichtsverfahrens deutlich niedriger ausfallen; dazu *Greger*, 125 ff.; *Nietfeld*, Mediation als Verfahren der konsensualen Konfliktbeilegung bei Trennung und Scheidung, 2015, 61 ff., 255 f. Vgl. weiter *Doench*, Mediation als kindgerechtes Verfahren, 2014, 195 ff., 205.

– Zuweisung von Alleinentscheidungsbefugnissen in bestimmten Einzelfragen oder allgemein in bestimmten oder allen Angelegenheiten der elterlichen Verantwortung."[252]

Zu begrüßen ist zunächst der Ansatz, das geltende Recht einfacher zu gestalten, allerdings bleiben viele Fragen und Details offen: So ist etwa beim zweiten Spiegelstrich, der Entscheidungen zu einer Einzelfrage (§ 1628 BGB), die Übertragung eines Teils der Sorge auf einen Elternteil oder die (faktische) Übertragung der Alleinsorge umfasst, unklar, unter welchen Voraussetzungen die höchst unterschiedlichen Entscheidungen zu treffen sind. Offen ist weiterhin, unter welchen Voraussetzungen Entscheidungen abänderbar sind. Vor allem ist dem Reformvorschlag aber entgegenzuhalten, dass die Zusammenführung der §§ 1628, 1671, 1684, 1687 BGB zwangsläufig zu einer sehr langen und eher unübersichtlichen Regelung führen würde (bezeichnenderweise fehlt auch ein konkret ausformulierter Reformvorschlag). Auch dürfte sich mit diesem Vorschlag eine klare Trennung zwischen den unterschiedlichen Bereichen des Sorgestatus, der Betreuung und des Umgangs nur schwer aufrechterhalten lassen. Da sich diese Differenzierung aber auch in den Kindschaftssachen und im Vollstreckungsrecht niederschlägt, wären zudem erhebliche Anpassungen im FamFG nötig.

Aus einer weiteren Publikation von *Hammer* ergibt sich jedoch, dass es wohl vor allem um die Schaffung eines einheitlichen Verfahrensgegenstandes geht.[253] Dies hätte – so *Hammer* – den Vorteil, dass „bei zulässiger Beschwerde auch in der Beschwerdeinstanz alle erforderlichen Anordnungen getroffen werden könnten".[254] In eine ähnliche Richtung geht auch der Vorschlag, den Umgang von Amts wegen zu entscheiden, wenn das Gericht den Aufenthalt des Kindes bei einem Elternteil festlegt.[255] Bei einer Reform müsste jedoch geprüft werden, wie in Fällen der Erweiterung oder Änderung des Verfahrensgegenstandes in zweiter Instanz der Gefahr einer Verkürzung des Rechtsschutzes begegnet werden kann. Hingegen sollte die (bereits nach geltendem Recht zulässige) Behandlung mehrerer Verfahrensgegenstände in einem Verfahren[256] weiter ausgebaut werden. Dies bietet sich insb. dann an, wenn ein Elternteil einen Antrag auf Regelung des Umgangs und der andere einen Antrag auf Regelung der geteilten Betreuung (→ C.III.2) stellt. Auch sollten die Vor- und Nachteile eines (bislang nur vereinzelt geforderten) Verfahrensver-

---

[252] AK 8 in 22. DFGT, 2017, 102 f. (Ziff. 3, 4b).
[253] Vgl. auch AK 8 in 22. DFGT, 2017, 102 (Ziff. 2), wonach die „verfahrensmäßige Trennung zwischen Sorge- und Umgangsverfahren […] aufgehoben werden" soll.
[254] *Hammer* FamRZ 2018, 229 (234).
[255] AK 8 in 22. DFGT, 2017, 102 (103, Ziff. 4 am Ende).
[256] Vgl. BGH NJW 2012, 3100 (3101); *Harms* jurisPR-FamR 25/2012 Anm 3.

bundes, bei dem Regelungen zur Sorge, zur Betreuung, zum Umgang und zum Kindesunterhalt in einem Verfahren zusammengeführt werden,[257] im Falle einer Reform geprüft werden.

2. Antrags- und Amtsverfahren

Nach den verfassungsrechtlichen Vorgaben sind nur solche Verfahren als Amtsverfahren zu führen, bei denen der Staat in seiner Funktion als Wächter (Art. 6 Abs. 2 S. 2 GG) tätig wird und die Anordnung einer kindesschutzrechtlichen Maßnahme im Raum steht. Hingegen müssen Kindschaftssachen, bei denen es um die Schlichtung eines Elternkonflikts unterhalb der Kindeswohlgefährdungsschwelle geht, als Antragsverfahren ausgestaltet sein.[258] Diese verfassungsrechtlichen Vorgaben sind jedoch im Kindschaftsrecht nicht konsequent umgesetzt: Für die Abänderung einer Sorgerechtsentscheidung nach § 1696 Abs. 1 S. 1 BGB wurde diese Problematik bereits unter B.I.3 angesprochen, sie stellt sich allerdings auch bei der Abänderung von Umgangsentscheidungen und könnte sich künftig bei der Abänderung einer Anordnung zur geteilten Betreuung stellen (→ C.III.3). Des Weiteren wird auch das Verfahren nach § 1684 Abs. 3 S. 1 BGB (erstmalige Entscheidung zum Umgang) als Amtsverfahren eingeordnet.[259]

Im Gegensatz zu einem Antragsverfahren beschränkt das Amtsverfahren die Möglichkeit der Beteiligten, über den Verfahrensgegenstand zu disponieren, dh Anträge zurückzunehmen oder das Verfahren für erledigt zu erklären.[260] Das Gericht ist auch nicht an die Anträge gebunden, sondern kann eine eigene Sachentscheidung treffen.[261] Für Umgangsverfahren nach § 1684 Abs. 3 S. 1 BGB wird allerdings zunehmend eine richterliche Zurückhaltung in Bezug auf das amtswegige Vorgehen gefordert.[262] So soll wenigstens eine ent-

---

[257] So *Mayer* FamRZ 2016, 430 f. AK 13 „Obliegenheiten im Unterhaltsrecht" in 22. DFGT, 2017, 112 (113).
[258] Dazu *Osthold* FamRZ 2017, 1643 (1646) sowie A.II.1.
[259] BGH FamRZ 2017, 532 (533 Rn. 7): „Bei dem Verfahren […] nach § 1684 BGB handelt es sich um ein grundsätzlich nicht antragsgebundenes Verfahren". Der BGH verweist dabei auf die Entscheidung BGH FamRZ 2016, 1752 (1756 Rn. 46f.), bei der jedoch eine Kindeswohlgefährdung vorlag und als Alternative zur Entziehung des Umgangsbestimmungsrechts eine von Amts wegen anzuordnende Umgangsregelung nach § 1684 BGB geprüft wurde. Zust. *Gottschalk/Heilmann* ZKJ 2017, 181 (182).
[260] Etwa OLG Zweibrücken FamRZ 2004, 1589 (1590); OLG Brandenburg BeckRS 2016, 08366 Rn. 22. Vgl. aber auch *Fröschle*, Sorge und Umgang, Elternverantwortung in der Praxis, 2013, Rn. 1108.
[261] Dazu und zu weiteren Unterschieden *Osthold* FamRZ 2017, 1643 (1645). Vgl. auch BeckOK BGB/*Veit* (Fn. 196) § 1684 Rn. 64.1 f.
[262] Etwa Soergel/*Jakobitz*, 13. Aufl. 2017, BGB § 1684 Rn. 21; Staudinger/*Rauscher*, 2014, BGB § 1684 Rn. 159; Johannsen/Henrich/*Jaeger* (Fn. 202) BGB § 1684 Rn. 10,

sprechende Anregung eines Elternteils vorliegen, dh es soll lediglich auf einen förmlichen Antrag isd § 23 Abs. 1 FamFG verzichtet werden.[263] Des Weiteren können die Eltern auch jederzeit durch eine Einigung die Beendigung des Verfahrens herbeiführen.[264] Auch wenn in der Literatur nur vereinzelt vertreten wird, dass Umgangssachen als reine Antragsverfahren zu behandeln seien,[265] wird die verfassungsrechtliche Dimension des Problems durchaus erkannt. So weist etwa *Coester-Waltjen* darauf hin, dass die Regelung des § 1684 Abs. 3 BGB – ebenso „wie die weitgehend unveränderte Beibehaltung der paternalistischen Züge des § 1696 BGB" – „Probleme für eine verfassungskonforme Anwendung" bereite, da die Norm „nicht ohne Verstoß gegen Art. 6 II GG ein automatisches Eingreifen des Gerichts in allen Fällen getrennt lebender Eltern ermöglichen" könne.[266] Vor Kurzem hat auch *Osthold* überzeugend dargelegt, dass § 1684 Abs. 3 S. 1 BGB verfassungskonform dahingehend ausgelegt werden müsse, dass im Elternkonflikt ein Umgangsverfahren nur als Antragsverfahren durchgeführt werden dürfe.[267] *De lege ferenda* sollte daher § 1684 Abs. 3 S. 1 BGB explizit als Antragsverfahren ausgestaltet werden (→ C.IV.1), wobei dann (entsprechend der Erstentscheidung) auch für die Abänderung einer Umgangsentscheidung (§ 1696 Abs. 1 S. 1 BGB) der Antrag eines Elternteils zu fordern wäre. Für die Abänderung eines gerichtlich gebilligten Vergleichs ist ohnehin der Antrag eines Elternteils erforderlich.[268] In Bezug auf Abänderungsentscheidungen kann somit für sämtliche Fallkonstellationen auf die unter B.I.3 vorgeschlagene Neuregelung des § 1696 Abs. 1 S. 2 BGB-RV verwiesen werden.

---

21. Nach Palandt/*Götz*, 76. Aufl. 2017, BGB § 1684 Rn. 9 wird ein Verfahren von Amts wegen idR nur dann eingeleitet, wenn dies aus Kindeswohlgründen erforderlich ist. In der Praxis scheinen Umgangsverfahren ohnehin nur selten von Amts wegen eingeleitet zu werden; dazu *Osthold* (Fn. 31) 649.

[263] Zuletzt etwa OLG Frankfurt am Main FamRZ 2015, 1991 (1992) mwN. Ähnlich *Fröschle* (Fn. 260) Rn. 1106. Vgl. auch Staudinger/*Rauscher*, 2014, BGB § 1684 Rn. 372.

[264] OLG Hamm BeckRS 2009, 08072; *Obermann* NZFam 2015, 1129 (1131); Staudinger/*Rauscher*, 2014, BGB § 1684 Rn. 373.

[265] So etwa *Socha* FamRZ 2010, 947 (948); *Heistermann* FF 2009, 281 (284). Auch nach BVerfG FamRZ 2003, 1731 (1732) scheint ein Antrag für eine Entscheidung nach § 1684 Abs. 3 S. 1 BGB erforderlich zu sein.

[266] *Gernhuber/Coester-Waltjen* Familienrecht, 6. Aufl. 2010, § 66 II Rn. 8.

[267] *Osthold* (Fn. 31) 646 ff.; *ders.* FamRZ 2017, 1643 (1647 f.).

[268] BT-Drs. 16/6308, 346.

II. Sorgerechtsentscheidungen nach § 1671 Abs. 1 S. 2 Nr. 2 und § 1626a Abs. 2 BGB

Beiden Regelungen ist gemeinsam, dass ein Elternkonflikt über die Inhaberschaft der Sorge besteht und von Seiten des Gerichts eine Entscheidung zwischen gemeinsamer Sorge einerseits und Alleinsorge andererseits zu treffen ist, wenngleich der Antrag nach § 1626a Abs. 2 BGB auf die erstmalige Begründung der gemeinsamen Sorge gerichtet ist, während es bei dem Antrag nach § 1671 Abs. 1 S. 2 Nr. 2 BGB darum geht, einem Elternteil die Sorge zu entziehen. Bei der Reform des § 1626a BGB im Jahr 2013 hat der Gesetzgeber festgelegt, dass erstens eine negative Kindeswohlprüfung vorzunehmen ist (§ 1626a Abs. 2 S. 1 BGB). Zweitens brachte er mit der Regel des § 1626a Abs. 2 S. 2 BGB zum Ausdruck, dass nach erschöpfender Sachaufklärung „im Zweifelsfall die Übertragung der elterlichen Sorge auf die Eltern gemeinsam auszusprechen ist".[269] Entsprechendes müsste dann aber auch für die Aufhebung der gemeinsamen Sorge in § 1671 Abs. 1 S. 2 Nr. 2 BGB gelten: Auch hier müsste bzgl. der Aufhebung der gemeinsamen Sorge eine negative Kindeswohlprüfung vorgenommen werden, wobei im Zweifelsfall (nach erschöpfender Sachaufklärung) die gemeinsame Sorge beizubehalten wäre.[270] Freilich lassen sich aus dem Wortlaut des § 1671 Abs. 1 S. 2 Nr. 2 BGB weder eine negative Kindeswohlprüfung noch die „Zweifelsfallregel" herauslesen. In der Begründung des Regierungsentwurfs zum Kindschaftsrechtsreformgesetz wird zwar eine zweistufige Prüfung vorgegeben, bei der jedoch auf der ersten Stufe festzustellen ist, dass „die Aufhebung der gemeinsamen Sorge dem Wohl des Kindes entspricht". Sofern dies feststehe, müsse geprüft werden, ob „die Übertragung der Alleinsorge auf den Antragsteller dem Wohl des Kindes am besten entspricht".[271] Diese Zwei-Stufen-Prüfung ist zwar nicht ohne Kritik geblieben,[272] aber dennoch weitgehend akzeptiert worden.[273] 2016 hat der BGH jedoch die Zwei-Stufen-Prüfung neu interpretiert:

> „Dass der Gesetzgeber die Voraussetzungen in § 1671 Abs. 1 Satz 2 Nr. 2 BGB positiv und in § 1626a Abs. 2 Satz 1 BGB negativ formuliert hat, berücksichtigt die unterschiedliche rechtliche Ausgangssituation, begründet aber im Ergebnis keine materiell-rechtlichen Unterschiede hinsichtlich der Ausübung der gemeinsamen Sorge

---

[269] BGHZ 211, 22 (34 f. Rn. 38).
[270] So auch *Meckling* (Fn. 75) 492 (ausführlich dazu 462 ff.); *Splitt* FF 2017, 47 (49).
[271] BT-Drs. 13/4899, 99.
[272] Etwa Staudinger/*Coester*, 2016, BGB § 1671 Rn. 103 f.
[273] Dazu insgesamt *Osthold* (Fn. 31) 583 ff.; *Wend* (Fn. 127) 121 ff.; *Bloch* (Fn. 129) 213 ff.; *Meckling* (Fn. 75) 438 ff.

durch beide Eltern. Während nach § 1626a Abs. 2 Satz 1 BGB zu entscheiden ist, ob die gemeinsame elterliche Sorge begründet werden soll, muss nach § 1671 Abs. 1 Satz 2 Nr. 2 BGB geprüft werden, ob die bestehende gemeinsame elterliche Sorge aufzuheben ist. [...] Auch nach § 1671 Abs. 1 Satz 2 Nr. 2 BGB darf die elterliche Sorge nur dann einem Elternteil allein zugewiesen werden, wenn die Voraussetzungen der Ausübung der gemeinsamen Sorge fehlen [...]. Die Alleinsorge ist daher anzuordnen, wenn die gemeinsame elterliche Sorge aus Kindeswohlgründen ausscheidet [...], also dem Kindeswohl widerspricht. Dem entspricht der Maßstab des § 1626a Abs. 2 BGB, nach dem die alleinige Sorge nur aufrechterhalten bleibt, wenn das Gericht feststellt, dass die Übertragung der gemeinsamen Sorge auf die Eltern dem Kindeswohl widerspricht. Deshalb ist es auch sachgerecht, in beiden Fällen dieselben Grundsätze anzuwenden [...]."[274]

Dieser (auch aus verfassungsrechtlichen Gründen) zu begrüßende Gleichlauf der beiden Normen hat für die Entscheidung nach § 1671 Abs. 1 S. 2 Nr. 2 BGB zur Folge, dass die gemeinsame Sorge nur noch dann, wenn sie dem Kindeswohl widerspricht, „also mit ihm unvereinbar wäre",[275] aufgehoben werden darf.[276] Im Falle einer Aufhebung ist, wenn beide Elternteile einen Antrag auf Übertragung der Alleinsorge gestellt haben, in einem zweiten Schritt zu prüfen, welcher Antrag dem Kindeswohl am besten entspricht.[277] Hat nur ein Elternteil einen Antrag auf Alleinsorge gestellt, dann ist diesem Elternteil die Sorge zu übertragen,[278] es sei denn, die Übertragung der Alleinsorge auf den antragstellenden Elternteil widerspricht dem Kindeswohl (dann wäre nach § 1671 Abs. 4 BGB vorzugehen). Auch wenn die Neuinterpretation des BGH den verfassungsrechtlichen Vorgaben entspricht, lässt sie sich mit dem Wortlaut und dem Gesetzgeberwillen nur schwer vereinbaren.[279] Es überrascht daher nicht, dass der

---

[274] BGHZ 211, 22 (27f. Rn. 15f.).
[275] BGHZ 211, 22 (26 Rn. 12) unter Berufung auf BeckOGK BGB/*Schumann* (15.10.2017) § 1626a Rn. 95. Vgl. auch *Bloch* (Fn. 129) 218f.
[276] Die gemeinsame Sorge widerspricht dem Kindeswohl, „wenn eine schwerwiegende und nachhaltige Störung auf der Kommunikationsebene der Eltern vorliegt, die befürchten lässt, dass den Eltern eine gemeinsame Entscheidungsfindung nicht möglich sein wird und das Kind folglich erheblich belastet würde". Dabei ist maßgeblich, „welche Auswirkungen die mangelnde Einigungsfähigkeit der Eltern in einer Gesamtbeurteilung der Verhältnisse auf die Entwicklung und das Wohl des Kindes haben wird" (BGHZ 211, 22 [30 Rn. 24]). Bleibt die Frage, ob die gemeinsame Sorge dem Kindeswohl widerspricht, auch nach erschöpfender Sachaufklärung offen, dann ist im Zweifelsfall an der gemeinsamen Sorge festzuhalten.
[277] So auch *Splitt* FF 2017, 47. Bei einer ablehnenden Entscheidung zu § 1626a Abs. 2 BGB bleibt es hingegen bei der Alleinsorge der Mutter kraft Gesetzes.
[278] Hat der ungeeignetere Elternteil den Antrag gestellt, so kann das Gericht nur den Antrag ablehnen oder diesem stattgeben, nicht aber eine Übertragung auf den geeigneteren Elternteil vornehmen, sofern kein Fall des § 1671 Abs. 4 BGB vorliegt.
[279] Auch *Etzold/Löhnig* NZFam 2016, 769 (776) bezeichnen die Entscheidung daher als „dogmatisch nicht vollständig klar[e]", aber „wertvolle Interpretationshilfe".

BGH teilweise auch falsch verstanden wird.[280] Zur Klarstellung sollte § 1671 Abs. 1 S. 2 Nr. 2 BGB daher so formuliert werden, dass die beiden unterschiedlichen Prüfungsmaßstäbe klar zum Ausdruck kommen, nämlich eine negative Kindeswohlprüfung auf der ersten Stufe und bei Anträgen beider Elternteile auf Übertragung der Alleinsorge eine positive Kindeswohlprüfung auf der zweiten Stufe.[281] Dementsprechend könnte die Neuregelung des § 1671 Abs. 1 S. 2 Nr. 2 BGB folgendermaßen lauten (zu § 1671 Abs. 1 S. 2 Nr. 1 BGB → B. I.1):

> **§ 1671 Abs. 1 S. 2 Nr. 2 BGB-RV** *Übertragung der Alleinsorge bei Getrenntleben der Eltern.*
> [...] ²*Dem Antrag ist stattzugeben, wenn [...]*
> 2. *<u>die Fortführung der gemeinsamen elterlichen Sorge dem Kindeswohl widerspricht</u> und zu erwarten ist, dass die Übertragung auf den Antragsteller dem Wohl des Kindes am besten entspricht.*

III. Anordnung der geteilten Betreuung gegen den Willen eines Elternteils

1. Bestandsaufnahme und Reformbedarf

Im Bereich der Trennungssorge hat der „Kampf" um das Wechselmodell in den letzten Jahren nicht nur die Fachliteratur,[282] sondern auch die Medien beherrscht: So nutzen insb. Väterverbände inzwischen das Thema, um lautstark auf „Geschlechterdiskriminierung" hinzuweisen.[283] Im Zentrum der Diskussion steht dabei die Frage, ob eine geteilte Betreuung gegen den Willen eines Elternteils angeordnet werden darf. Bis zur Entscheidung des BGH vom 1.2. 2017 zur „umgangsrechtlichen Lösung" (→ B.II.3a) wurden im We-

---

[280] Etwa *Döll/Wanitzek* FamRZ 2017, 1195. Weitere Nachweise bei BeckOGK BGB/*Schumann* (Fn. 275) § 1626a Rn. 100.
[281] Entsprechend wäre dann auch § 1671 Abs. 2 S. 2 Nr. 2 BGB anzupassen: ²*Dem Antrag ist stattzugeben, wenn [...] <u>die gemeinsame Sorge dem Kindeswohl widerspricht</u> und zu erwarten ist, dass die Übertragung auf den Vater dem Wohl des Kindes am besten entspricht.*
[282] Vgl. nur die Rezension von *Kostka* ZKJ 2014, 54 ff. zu *Sünderhauf* (Rn. 8). Dazu auch *Deutscher Bundestag, Wissenschaftliche Dienste* (Fn. 106) 4 f., 13 ff.
[283] *Seith*, Zahlen, bitte!, Der Spiegel 2017/36, 60–68; *Menkens*, „Väterquote", Scheidungskinder sollen zwei Zuhause haben, Die Welt v. 21.10.2015 (https://www.welt.de/politik/deutschland/article147883305/Scheidungskinder-sollen-zwei-Zuhause-haben.html). *Kostka* Streit 2014, 147 f. weist darauf hin, dass der „plötzliche ‚Hype' um das Thema" auch international auf Interventionen von Väterverbänden beruht. Vgl. weiter *Scheiwe/Wersig* (Fn. 12) 103 ff.

sentlichen folgende Auffassungen vertreten:[284] Teile der Rechtsprechung und Lehre lehnten die Anordnung einer geteilten Betreuung mangels gesetzlicher Grundlage ganz ab.[285] Überwiegend wurde jedoch vertreten, dass die erstmalige Anordnung einer geteilten Betreuung bei entgegenstehendem Willen eines Elternteils regelmäßig ausgeschlossen sei.[286] Dabei wurde teilweise bereits das „Veto" eines Elternteils als Indiz dafür gewertet, dass keine ausreichende Kooperationsfähigkeit der Eltern vorhanden sei.[287] Etwas wohlwollender wurde hingegen die Fortführung einer bereits praktizierten, dem Kindeswohl entsprechenden geteilten Betreuung beurteilt, wenn ein Elternteil von diesem Modell Abstand nehmen wollte: In diesen Fällen erfolgte dann eine gerichtliche Anordnung entweder auf der Grundlage des § 1684 Abs. 3 S. 1 BGB („umgangsrechtliche Lösung")[288] oder des § 1671 Abs. 1 S. 2 Nr. 2 BGB („sorgerechtliche Lösung").[289] Festhalten lässt sich somit, dass auch schon vor der BGH-Entscheidung in Einzelfällen die geteilte Betreuung gerichtlich angeordnet wurde, wobei sich häufig auch die betroffenen Kinder für die Beibehaltung oder den Ausbau des bereits praktizierten Modells ausgesprochen hatten.[290] Vor allem aber kamen in sämtlichen Fällen die Gerichte zu dem Ergebnis, dass die geteilte Betreuung im jeweiligen Einzelfall dem Wohl des Kindes am besten entspricht, sodass trotz der Ablehnung durch einen Elternteil aufgrund des Kindeswohlprinzips (§ 1697a BGB) keine andere Entscheidung hätte ergehen können. Unterstützung findet diese Sichtweise auch von kinderpsychologischer Seite:

> „Eine pauschale standardisierte Festlegung auf ein Betreuungsmodell, auch auf das Wechselmodell, ist ebensowenig fachlich gerechtfertigt, wie das Ablehnen dieses Be-

---

[284] Zu den in Rspr. und Lehre vertretenen Auffassungen: BGH FamRZ 2017, 532 (533 Rn. 13 f.); OLG München FamRZ 2016, 2120 (2121 f.); *Damljanovic* (Fn. 56) 90 ff. Einen Rspr.-Überblick geben auch *Sünderhauf* (Fn. 8) 800–865 und *Deutscher Bundestag, Wissenschaftliche Dienste* (Fn. 106) 7–13.
[285] Etwa OLG Jena FamRZ 2016, 2126 f.; OLG Dresden BeckRS 2016, 19673; *Marchlewski* FF 2015, 98 (106); *Damljanovic* (Fn. 56) 101.
[286] So *Zimmer* (Fn. 79) 52 f.; *Horndasch* FuR 2016, 558 (559); *Kinderrechtekommission DFGT* FamRZ 2014, 1157 (1167); *Finke* NZFam 2014, 865 (868 f.); *Jokisch* FuR 2013, 679 (681); OLG Brandenburg BeckRS 2016, 08424 Rn. 21. Weitere Nachweise bei *Sünderhauf* (Fn. 8) 435 f.; *dies.* FamRB 2013, 290 (292).
[287] So etwa OLG Jena FamRZ 2016, 2126 (2127). Ähnlich OLG Brandenburg FamRZ 2017, 1757 ff.; OLG Düsseldorf FuR 2011, 415 f.
[288] Etwa OLG Hamburg NJOZ 2016, 1077 ff.; AG Erfurt ZKJ 2013, 31 ff. Abl. OLG Karlsruhe NJOZ 2015, 1956 ff.
[289] Etwa OLG Schleswig BeckRS 2014, 11411; KG BeckRS 2012, 10047. Vgl. weiter OLG Dresden FamRZ 2017, 896 f.
[290] OLG Hamburg NJOZ 2016, 1077 (1079); OLG Schleswig BeckRS 2014, 11411; KG BeckRS 2012, 10047; AG Erfurt ZKJ 2013, 31 (34). Dazu *Jokisch* FuR 2013, 679 (682); *Sünderhauf* (Fn. 8) 446 f.

treuungsmodells, das im individuellen Fall die beste Lösung darstellen kann. Kein Modell entspricht allen Familien. [...] Betreuungsmodelle, bei denen sich die Eltern abwechseln, werden in vielfältiger Weise praktiziert [...]. Auch auf den ersten Blick vielleicht ungewöhnlich anmutende Arrangements können im Einzelfall für das Kind die beste Alternative darstellen."[291]

Die gerichtliche Anordnung einer geteilten Betreuung kann somit im Einzelfall dem Kindeswohl am besten entsprechen und ist dann auch erforderlich, um dem Kindeswohlprinzip Rechnung zu tragen. Dies kann insb. der Fall sein, wenn eine bereits erfolgreich praktizierte geteilte Betreuung von einem Elternteil einseitig „aufgeküdigt" wird. Aber auch dann, wenn direkt nach der Trennung ein Elternkonflikt über die Betreuung entsteht, kann eine geteilte Betreuung dem Kindeswohl dienen. Zu denken ist etwa an Fälle, in denen die Eltern bereits vor der Trennung eine egalitäre Rollenverteilung praktiziert und zu annähernd gleichen Teilen das Kind betreut haben, oder an Fälle, in denen sich die Eltern zwar einig sind, das Kind im Wechsel zu betreuen, aber über die Modalitäten der Betreuung streiten. Selbst in diesem letztgenannten Fall hilft § 1628 BGB nicht weiter, weil es sich bei der Frage der konkreten Ausgestaltung der Betreuung zwar um eine Angelegenheit von erheblicher Bedeutung handelt, es jedoch nicht um eine situative, sondern um eine dauerhafte Angelegenheit der elterlichen Sorge geht.[292] Da die Entscheidung über das Betreuungsmodell nicht den Status der Sorge betrifft (→ B.II.3a), bietet es sich auch nicht an, eine Ergänzung zu § 1671 BGB vorzunehmen. Rechtssystematisch handelt es sich vielmehr um eine Frage der Ausübung der elterlichen Sorge,[293] sodass ein passender Standort § 1628 BGB wäre, wobei dann eine eigene Regelung in einem neuen Abs. 2 vorgesehen werden sollte (→ C.III.2e).

2. Voraussetzungen für die Anordnung einer geteilten Betreuung

Zunächst sollte die Regelung nicht auf ein bestimmtes Modell (etwa auf ein paritätisches Wechselmodell) beschränkt werden, sondern alle Formen der geteilten Betreuung ab einem Betreuungsanteil von mind. 30% umfassen, sofern beide Eltern für das Kind auch im Alltag verantwortlich sind und das Kind in beiden Elternhäusern ein

---

[291] *Salzgeber* NZFam 2014, 921. Vgl. weiter *Kindler/Walper* NZFam 2016, 820 (824).
[292] So auch *Finke* NZFam 2014, 865 (868).
[293] So OLG Nürnberg FamRZ 2016, 2119 (2120); OLG München FamRZ 2016, 2120 (2122); *Sünderhauf* (Fn. 8) 386 f.; *Heilmann* NJW 2015, 3346 (3347); *Jokisch* FuR 2013, 679 (681); AK 7 in 20. DFGT, 2014, 124 (125), These 2a und These 2b (mehrheitlich für eine Verortung im Bereich der Sorge). Zum Meinungsstand auch ausführlich *Sünderhauf* (Fn. 8) 376 ff., 388 ff. (zur Rspr.).

Zuhause hat.²⁹⁴ Eine gerichtliche Anordnung käme zudem nur auf Antrag eines Elternteils in Betracht.²⁹⁵ Schließlich sollte die Entscheidung des Gerichts anhand der Voraussetzungen des § 1697a BGB (positive Kindeswohlprüfung unter Berücksichtigung der berechtigten Interessen der Eltern und der tatsächlichen Gegebenheiten und Möglichkeiten) erfolgen.

a) Positive Kindeswohlprüfung

Im Rahmen der positiven Kindeswohlprüfung²⁹⁶ ist Folgendes zu beachten: (1) Bei einem Kleinkind (bis ca. 4 Jahre) entspricht ein paritätisches Wechselmodell nach nationalen und internationalen Studien regelmäßig nicht dem Kindeswohl (→ A.III.1). (2) Der Umstand, dass bereits in der Vergangenheit eine geteilte Betreuung über einen längeren Zeitraum kindeswohlorientiert praktiziert wurde, mag zwar ein Indiz dafür sein, dass zwischen den Eltern eine tragfähige Kommunikation und Kooperation besteht, bedeutet aber nicht zwingend, dass die Fortführung des bisherigen Modells auch künftig dem Kindeswohl am besten entspricht. Vielmehr ist das Kindeswohl in jedem Einzelfall zu prüfen, zumal es auch sein kann, dass das Kind selbst eine Anpassung des Betreuungsmodells an die eigenen Bedürfnisse wünscht. Daran ist insb. bei älteren Kindern zu denken, die den ständigen Wechsel im Hinblick auf ihre eigenen sozialen Kontakte als störend empfinden können (→ A.III.1). (3) Eine wesentliche Bedeutung wird daher dem Kindeswillen zukommen,²⁹⁷ sodass die Anordnung einer geteilten Betreuung gegen den erklärten Willen des Kindes kaum denkbar ist.²⁹⁸ Umgekehrt kommt aber dem Willen des Kindes auch dann, wenn sich dieses für eine geteilte Betreuung ausspricht, eine maßgebliche Bedeutung zu, insb. wenn es um die Fortführung oder den Ausbau eines bereits praktizierten Modells geht. (4) Schließlich sind auch die Modalitäten der konkreten Ausgestaltung einer geteilten Betreuung (zB Häufigkeit der Wechsel) im Rahmen der Kindeswohlprüfung zu berücksichtigen.

---

²⁹⁴ Das letztgenannte Kriterium erübrigt sich im Falle eines Nestmodells.
²⁹⁵ Da das Gericht an die Anträge der Eltern gebunden ist, darf es – ebenso wie im Elternkonflikt nach § 1628 BGB – auch keine eigene Sachentscheidung treffen. Dazu BVerfG NJW 2003, 1031 f.; *Osthold* (Fn. 31) 563 ff.
²⁹⁶ BGH FamRZ 2017, 532 (535 Rn. 24, 27; zu den allgemein anerkannten Kindeswohlkriterien Rn. 25); *Hennemann* NJW 2017, 1787 (1789 f.); *Jokisch* FuR 2013, 679 (681).
²⁹⁷ BGH FamRZ 2017, 532 (535 Rn. 29); *Hennemann* in Coester-Waltjen/Lipp/Schumann/Veit (Fn. 19), erscheint 2018. Zum eigenen Antragsrecht eines Jugendlichen → B 86.
²⁹⁸ So auch OLG Jena FamRZ 2016, 2122 (2124 f.) mAnm *Hammer*.

b) Berechtigte Interessen der Eltern

Das BVerfG hat zu den Voraussetzungen einer Entscheidung über ein paritätisches Wechselmodell *de lege ferenda* ausdrücklich festgehalten, dass „nach der jeweiligen Lage des Einzelfalls unter Berücksichtigung des Kindeswohls und unter Beachtung der berechtigten Interessen der Eltern und des Kindes sachgerecht entschieden werden" müsse. Dies bedeute, dass „die Fachgerichte die beiderseitigen Grundrechtspositionen der Eltern wie auch das Wohl des Kindes und dessen Individualität als Grundrechtsträger berücksichtigen […] und sich im Einzelfall um eine Konkordanz der verschiedenen Grundrechte bemühen" müssen.[299]

c) Art und Ausmaß des Elternkonflikts

Im Zentrum der Diskussion zum Wechselmodell stand lange Zeit die Frage, ob der entgegenstehende Wille eines Elternteils bereits ausreiche, um von der Anordnung einer geteilten Betreuung abzusehen. Wird das Gericht als Schlichter im Elternkonflikt angerufen, dann liegt notwendigerweise eine Situation vor, in der ein Elternteil einen Antrag stellt, dem der andere widerspricht. Der BGH hat daher zu Recht entschieden, dass „der entgegengesetzte Wille eines Elternteils" nicht „gleichsam als Vetorecht stets ausschlaggebend sein" könne, weil dann „der Elternwille ohne Rücksicht auf die zugrundeliegende jeweilige Motivation des Elternteils in sachwidriger Weise über das Kindeswohl gestellt" würde.[300] Es genügt daher den verfassungsrechtlichen Anforderungen nicht, wenn ein Antrag auf Anordnung einer geteilten Betreuung mit dem Hinweis auf den entgegenstehenden Willen des anderen Elternteils abgewiesen wird.[301] Vielmehr muss zwischen dem Elternkonflikt im konkret vorliegenden Fall (Antrag eines Elternteils auf Anordnung einer geteilten Betreuung und Widerspruch des anderen Elternteils) und der Fähigkeit der Eltern zu gegenseitiger Kooperation, Kommunikation und Kompromissbereitschaft differenziert werden.[302]

---

[299] BVerfG NJW 2015, 3366 (3367).
[300] BGH FamRZ 2017, 532 (535 Rn. 26). Ausdrücklich wird auch festgestellt, dass zwischen den Eltern kein Konsens über das Wechselmodell bestehen müsse. Dies ergebe „sich bereits aus der Erwägung, dass der Wille eines Elternteils und das Kindeswohl nicht notwendig übereinstimmen und es auch nicht in der Entscheidungsbefugnis eines Elternteils lieg[e], ob eine dem Kindeswohl entsprechende gerichtliche Anordnung ergehen" könne.
[301] AA *Damljanovic* (Fn. 56) 104f., die auch *de lege ferenda* eine gerichtliche Anordnung gegen den Willen eines Elternteils ablehnt.
[302] Vgl. auch AK 7 in 20. DFGT, 2014, 124 (125, These 3); OLG Naumburg FamRZ 2014, 1860f.

Bei der Einordnung des Elternkonflikts wird auch das bislang praktizierte Betreuungsmodell eine nicht unerhebliche Rolle spielen. Dies gilt etwa für Fälle, in denen zwar erstmals die Anordnung eines annähernd paritätischen Wechselmodells beantragt wird, davor jedoch bereits über längere Zeit ein erweiterter Umgang praktiziert wurde. Ein solcher Sachverhalt lag einer Entscheidung des AG Erfurt aus dem Jahr 2012 zugrunde: Der Vater hatte das Kind im Rahmen einer Umgangsregelung mit einem Zeitanteil von 35 % seit Längerem mitbetreut. Um künftig ein paritätisches Wechselmodell (mit einem wöchentlichen Wechsel) gegenüber der Mutter durchsetzen zu können, beantragte der Vater die Übertragung des Aufenthaltsbestimmungsrechts, während die Mutter unter Zurückweisung dieses Antrags beantragte, ihr das Aufenthaltsbestimmungsrecht zu übertragen. Zu Recht hat das AG Erfurt festgestellt, dass allein der Dissens der Eltern über die Frage des Umfangs der Betreuung nicht entscheidend sein könne. Vielmehr komme es auf die Qualität des Dissenses an: Seien die Eltern schon bislang im Rahmen des erweiterten Umgangs in der Lage gewesen, kindeswohlorientiert zu handeln, so sei anhand des Maßstabs des § 1697a BGB zu entscheiden, welchem Betreuungsmodell der Vorzug zu geben sei.[303] Liegt somit eine hinreichende Kooperationsfähigkeit der Eltern vor und wurden die Interessen der Eltern sowie die tatsächlichen Gegebenheiten berücksichtigt, dann ist die Anordnung einer geteilten Betreuung allein davon abhängig, ob das individuell zu bestimmende Kindeswohl und insb. auch der Kindeswille für das beantragte Modell sprechen.[304]

Diese Überlegungen gelten grundsätzlich auch dann, wenn die erstmalige Anordnung einer geteilten Betreuung kurz nach der Trennung beantragt wird. In diesem Fall können wichtige Indizien das bis zur Trennung praktizierte Betreuungsmodell der Eltern und die darauf gegründeten Bindungen des Kindes zu beiden Eltern sein (insb. wenn die Eltern schon bislang die Aufgaben egalitär verteilt haben).[305] Zu beachten ist allerdings, dass der Wille des Kindes kurz nach einer Trennung nicht selten von dem Wunsch getragen sein wird, beide Eltern „gleich" zu behandeln. Häufig haben Kinder auch keine Vorstellung davon, welche Belastungen im Alltag mit den regelmäßigen Wechseln verbunden sind. Daher wird bei der erstmaligen Anordnung einer geteilten Betreuung empfohlen, die Anord-

---

[303] AG Erfurt ZKJ 2013, 31 (34). Ausschlaggebend war in diesem Fall der Kindeswille; die Anordnung des paritätischen Wechselmodells erfolgte im Rahmen einer Umgangsregelung. Ähnlich jetzt auch OLG Stuttgart FamRZ 2018, 35 (36f.). Vgl. aber auch OLG Jena FamRZ 2016, 2122 (2124f.) mAnm *Hammer*.

[304] Vgl. auch BVerfG FF 2009, 416f. (419).

[305] BGH FamRZ 2017, 532 (535 Rn. 29).

nung zunächst zu befristen, um auf diese Weise eine Probezeit vorzusehen.[306] Der zeitliche Umfang der Befristung sollte im Ermessen des Gerichts liegen, damit dem Einzelfall Rechnung getragen werden kann.[307] Die endgültige Entscheidung wäre dann erst nach Ablauf der Probezeit zu treffen. Allerdings setzt auch die Anordnung einer Probezeit voraus, dass eine geteilte Betreuung nach der Überzeugung des Gerichts dem Kindeswohl am besten entspricht. Denn die Probezeit darf nicht dazu genutzt werden, in Fällen, in denen die Voraussetzungen für eine geteilte Betreuung nicht vorliegen, diese „versuchsweise" anzuordnen.

Schließlich wird in Rechtsprechung und Lehre überwiegend vertreten, dass in Hochkonfliktfällen eine wechselnde Betreuung nicht kindeswohlgerecht ausgeübt werden könne und daher von vornherein nicht in Betracht komme.[308] Allerdings liefern die vorhandenen Studien zu dieser Frage kein ganz eindeutiges Ergebnis[309] und auch aus kinderpsychologischer Sicht ist eine etwas differenziertere Sichtweise erforderlich: Selbst in Hochkonfliktfällen kann ausnahmsweise oder als Übergangsmodell eine geteilte Betreuung den Elternkonflikt zumindest vorläufig entschärfen und dazu beitragen, dass die Eltern zu einem späteren Zeitpunkt in der Lage sind, ein kooperatives Betreuungsmodell zu praktizieren.[310] Allein die Hoffnung, dass die geteilte Betreuung eine deeskalierende Wirkung herbeiführen und zu einer Verbesserung der Kommunikation der Eltern führen werde,[311] ist hierfür allerdings nicht ausreichend.[312] Auch besteht gerade in Hochkonfliktfällen die Gefahr, dass die geteilte Betreuung zwar eine vordergründig „gerechte" Kompromisslösung im Hinblick auf die Positionen der Eltern darstellt, jedoch nicht dem Kindeswohl dient.[313] Mit der Rechtsprechung des BVerfG ist daher für die Anordnung ei-

---

[306] Dazu insgesamt *Salzgeber* NZFam 2014, 921 (926). Vgl. auch *Jokisch* FuR 2013, 679 (mit Verweis auf ausländische Regelungen); AK 7 in 20. DFGT, 2014, 124 (125, These 3).
[307] AA *Sünderhauf* (Fn. 8) 494, die eine Probezeit von mind. einem Jahr vorschlägt, weil dieser Zeitraum für die Gewöhnung an ein Wechselmodell erforderlich sei. Allerdings ist das primäre Ziel von *Sünderhauf*, das Kind an das Wechselmodell zu gewöhnen, da sie nach Ablauf der Probezeit nur noch den Betreuungsplan anpassen will, während eine Änderung des Betreuungsmodells ausgeschlossen sein soll. Vgl. auch *dies.* FamRB 2013, 290 (293).
[308] Etwa KG NJOZ 2016, 126 (127 ff.); *Heilmann* NJW 2015, 3346 (3347). Vgl. auch AK 7 in 20. DFGT, 2014, 124 (126, These 4). Weitere Nachweise bei *Sünderhauf* FamRB 2013, 327 (329).
[309] Vgl. *Frigger* (Fn. 7) 26 ff. mwN.
[310] So *Salzgeber* NZFam 2014, 921 (929). Zust. BGH FamRZ 2017, 532 (536 Rn. 31).
[311] So *Sünderhauf* FamRB 2013, 290 (294 f.); 327 f.
[312] Vgl. den Sachverhalt, der den Entscheidungen OLG Nürnberg FamRZ 2016, 2119 und BGH FamRZ 2017, 532 zugrunde lag.
[313] So auch *Frigger* (Fn. 7) 31 f. mwN; *Kostka* Streit 2014, 147 (152, 154).

ner geteilten Betreuung zu verlangen, dass zwischen den Eltern eine „tragfähige soziale Beziehung" und ein „Mindestmaß an Übereinstimmung" bestehen.[314] Bei einer Unterschreitung dieses Mindestmaßes besteht somit keine Grundlage für eine gerichtliche Anordnung einer geteilten Betreuung, sodass ein bloßes „Parallel-Parenting" (ohne tragfähige Beziehung der Eltern) nicht in Betracht kommt.[315] Allerdings darf auch umgekehrt keine Überschreitung dieses Maßstabs, dh ein „hohes Maß an gegenseitiger Kooperation, Kommunikation und Kompromissbereitschaft der Kindeseltern" verlangt werden.[316]

d) Tatsächliche Gegebenheiten und Möglichkeiten

Ein wesentlicher Faktor für eine geteilte Betreuung ist die räumliche Nähe der Wohnsitze beider Eltern, insb. die Erreichbarkeit der vom Kind besuchten Einrichtungen (Kindergarten und Schule) von beiden Elternhäusern aus.[317] Aber auch Faktoren wie die kindgerechte Ausstattung der Elternwohnungen[318] können angesichts der Wohnraumnot in vielen Großstädten nach der Trennung eine Rolle spielen, wenn der Elternteil, der die Familienwohnung verlässt, zunächst keine geeignete Wohnung findet. Schließlich können auch finanzielle Aspekte von Bedeutung sein, bspw. auch dann, wenn sich die Eltern zwar über eine geteilte Betreuung einig sind, ein Elternteil aber ein Wechsel- und der andere Elternteil ein Nestmodell (mit der Folge, dass dann drei Wohnungen zu finanzieren wären) praktizieren will.[319]

e) Regelung zur geteilten Betreuung

Unter Berücksichtigung der dargestellten Ausführungen könnte die Neuregelung in § 1628 Abs. 2 BGB folgendermaßen gefasst werden:

---

[314] St. Rspr. BVerfG NJW 2015, 3366.
[315] OLG Bamberg FamRZ 2018, 438 (440). AA *Sünderhauf* FamRB 2013, 290 (294).
[316] So aber OLG Jena FamRZ 2016, 2126. Weitere Nachweise bei *Sünderhauf* (Fn. 8) 450 ff.; *dies.* FamRB 2013, 290 (295). AA zu Recht OLG Hamburg BeckRS 2016, 109672 Rn. 9. Nicht ganz klar insofern BGH FamRZ 2017, 532 (535 Rn. 30: dort ist von einem „erhöhte[n] Abstimmungs- und Kooperationsbedarf" die Rede).
[317] BGH FamRZ 2017, 532 (535 Rn. 30); *Kostka* Streit 2014, 147 (151); *Sünderhauf* FamRB 2013, 327 (333 f.).
[318] Zum „Zuhausesein" bei beiden Elternteilen als Voraussetzung für eine geteilte Betreuung *Sünderhauf* (Fn. 8) 76 ff.; *Kostka* Streit 2014, 147 mwN.
[319] Zum Anspruch eines Elternteils, der SGB II-Leistungen erhält, auf Finanzierung der Kosten eines Nestmodells LSG Niedersachsen-Bremen FamRZ 2017, 1886 ff.

> **§ 1628 Abs. 2 BGB-RV** *Gerichtliche Entscheidung zur Ausübung der elterlichen Sorge.*
> ¹*Können sich dauerhaft getrennt lebende Eltern mit gemeinsamer elterlicher Sorge nicht auf ein Betreuungsmodell einigen, so kann das Familiengericht auf Antrag eines Elternteils das von diesem vorgeschlagene Betreuungsmodell durch gerichtlichen Beschluss anordnen, wenn dieses unter Berücksichtigung der tatsächlichen Gegebenheiten und Möglichkeiten sowie der Interessen der Eltern dem Wohl des Kindes am besten entspricht.* ²*Das Gericht kann die Anordnung nach Satz 1 zeitlich befristen (Probezeit).*

3. Abänderungsentscheidung

Die Abänderung einer Entscheidung zur geteilten Betreuung nach § 1628 Abs. 2 BGB-RV unter den Voraussetzungen des § 1696 Abs. 1 S. 1 BGB (bzw. § 1696 Abs. 1 S. 2 BGB-RV) setzt zunächst voraus, dass diese als „Entscheidung zum Sorgerecht" einzuordnen wäre. Dagegen wurden Bedenken erhoben, da Regelungsgegenstand des § 1696 Abs. 1 S. 1 BGB „nur die Inhaberschaft der elterlichen Sorge, nicht aber die Art und Weise [ihrer] Ausübung" sein könne.[320] Nach verbreiteter Auffassung wird jedoch die Abänderung einer Entscheidungsübertragung nach § 1628 BGB – jedenfalls, wenn sich diese auf eine „bestimmte Art von Angelegenheiten" bezieht – für zulässig erachtet.[321] Dafür spricht auch, dass es in Einzelfällen kaum inhaltliche Unterschiede zwischen einer bestimmten Art von Angelegenheiten (zB über die medizinische Behandlung des Kindes bei einer chronischen Krankheit über einen längeren Zeitraum) und der Teilsorge nach § 1671 Abs. 1 S. 2 Nr. 2 BGB (zB der Gesundheitsfürsorge) gibt.[322] Vor allem aber sollte im Hinblick auf die Abänderung auch ein Gleichlauf von gerichtlichen Entscheidungen und gerichtlich gebilligten Vergleichen erreicht werden, sodass – falls sich die Bedenken gegen eine direkte Anwendung des § 1696 Abs. 1 S. 1 BGB nicht ausräumen ließen – *de lege ferenda* eine entsprechende Änderung vorzunehmen wäre.[323] Denn es wäre nicht überzeugend, wenn eine Abänderungsentscheidung zwar bei einem gerichtlich ge-

---

[320] *Kinderrechtekommission DFGT* FamRZ 2014, 1157 (1162).
[321] Staudinger/*Coester*, 2014, BGB § 1696 Rn. 13; MüKoBGB/*Huber*, 7. Aufl. 2017, § 1628 Rn. 23; BeckOK BGB/*Veit* (Fn. 196) § 1628 Rn. 21.
[322] Zu den Überschneidungen auch Staudinger/*Coester*, 2016, BGB § 1671 Rn. 55f.
[323] § 1696 Abs. 1 S. 2 BGB-RV müsste dann folgendermaßen formuliert werden: <u>Auf Antrag eines Elternteils</u> ist eine Entscheidung zur Sorge, <u>zur Betreuung</u> oder zum Umgang oder ein gerichtlich gebilligter Vergleich zu ändern, wenn dies aus triftigen, das Wohl des Kindes nachhaltig berührenden Gründen angezeigt ist.

billigten Vergleich zur geteilten Betreuung (über die hier vorgeschlagene Neuregelung des § 156 Abs. 2 FamFG-RV, aber auch schon nach geltendem Recht über die „umgangsrechtliche Lösung" des BGH) möglich wäre, nicht aber bei einer gerichtlichen Anordnung der geteilten Betreuung.

Fraglich ist aber, ob eine Abänderung nur bei Vorliegen triftiger, das Wohl des Kindes nachhaltig berührender Gründe vorgenommen werden sollte. Betreuungsarrangements müssen ebenso wie Umgangsregelungen an neue Situationen flexibel angepasst werden können.[324] Hier zeigt sich erneut, dass die Konzeption der Abänderungsentscheidung nicht auf das Problem der Anpassungsnotwendigkeit von Regelungen zur Ausübung der Elternverantwortung zugeschnitten ist. Denn ursprünglich erfasste die Norm nur den Wechsel der Alleinsorge (→ B.I.3), bei dem das Kontinuitätsinteresse des Kindes ein ganz entscheidendes Kriterium war. Allerdings sollte auch eine Regelung zur geteilten Betreuung eine gewisse Bestandskraft haben und nicht ohne Änderung der tatsächlichen Umstände von einem Elternteil infrage gestellt werden können. Zudem bleibt es den Eltern (im Gegensatz zur Änderung der Sorge) unbenommen, die Modalitäten des Umgangs oder der geteilten Betreuung einvernehmlich anzupassen.[325] Streben die Eltern eine wesentliche Änderung an (zB den Wechsel des Betreuungsmodells), dann sollte jedoch der Elternkonsens ausreichen, um eine Abänderungsentscheidung herbeiführen zu können.[326] Neben einer Neuregelung[327] ließe sich dieses Problem aber auch mit Hilfe der Rechtsprechung lösen, die in dem Elternkonsens regelmäßig einen triftigen Grund für eine Änderung sieht.[328]

Abschließend sei noch darauf hingewiesen, dass der Anordnung einer geteilten Betreuung, die rechtssystematisch eine Entscheidung über die Ausübung der Sorge ist, eine gerichtliche Umgangsregelung vorausgegangen sein kann, die nun durch die Regelung zur geteilten Betreuung abgelöst wird. In diesen Fällen stellt sich die Frage, ob die Umgangsregelung unter den Voraussetzungen des § 1696 Abs. 1 S. 1 BGB in eine Regelung zur geteilten Betreuung „abgeändert" werden

---

[324] Dazu *Kostka* Streit 2014, 147 (148, 156).

[325] Zum Umgang etwa OLG Brandenburg BeckRS 2016, 124514 Rn. 134; *Prüm*, Die Folgen der Verletzung des Umgangsrechts, 2006, 34 ff.

[326] Zur Bedeutung des Elternkonsenses als Voraussetzung für eine Abänderungsentscheidung *Holzner* (Fn. 130) 96 ff., 101 ff., 112.

[327] Eine entsprechende Neuregelung in § 1696 Abs. 1 BGB könnte folgendermaßen aussehen: *Beantragt ein Elternteil mit Zustimmung des anderen Elternteils eine wesentliche Änderung einer Regelung zum Umgang oder zur Betreuung, dann ist dem Antrag stattzugeben, wenn der Antrag dem Kindeswohl nicht widerspricht.*

[328] Dazu Staudinger/*Coester*, 2014, BGB § 1696 Rn. 113; BeckOGK BGB/*Mehrle* (Fn. 162) § 1696 Rn. 84; OLG Brandenburg BeckRS 2016, 124514 Rn. 95.

muss.³²⁹ Eine Abänderung nach § 1696 Abs. 1 S. 1 BGB setzt aber voraus, dass sich die Abänderungsentscheidung grundsätzlich im Rahmen der der Vorentscheidung zugrundeliegenden Norm bewegt.³³⁰ Daher wäre an sich § 1696 Abs. 1 S. 1 BGB nicht einschlägig, wenn im Anschluss an eine Umgangsentscheidung ein Elternteil einen Antrag auf Anordnung einer geteilten Betreuung stellt (und umgekehrt). Angesichts des fließenden Übergangs zwischen erweitertem Umgang und geteilter Betreuung wäre jedoch zu diskutieren, ob für eine „Änderung" einer Umgangsregelung in eine Regelung zur geteilten Betreuung (und umgekehrt) ebenfalls triftige, das Kindeswohl nachhaltig berührende Gründe zu verlangen sind.

4. Geteilte Betreuung als Kindschaftssache

Im Verfahrensrecht könnte die Anordnung nach § 1628 Abs. 2 BGB-RV (ebenso wie diejenige nach § 1628 Abs. 1 BGB) als Kindschaftssache iSd § 151 Nr. 1 FamFG („Verfahren, die die elterliche Sorge [...] betreffen") eingeordnet werden. Alternativ könnte die Betreuung auch in § 151 Nr. 2 FamFG ausdrücklich aufgenommen werden („Verfahren, die [...] *die Betreuung*, das Umgangsrecht und das Recht auf Auskunft [...] betreffen"). Insgesamt müsste sorgfältig geprüft werden, inwieweit einzelne Normen der Kindschaftssachen oder des Vollstreckungsrechts³³¹ anwendbar wären bzw. geändert oder ergänzt werden sollten. Entscheidend ist aber, dass zentrale verfahrensrechtliche Regelungen zum Schutz des Kindes zur Anwendung kommen: So ist das Kind nach § 159 FamFG anzuhören, die Mitwirkung des Jugendamts nach § 162 FamFG ist zu gewährleisten, dem Kind ist unter den Voraussetzungen des § 158 FamFG ein Verfahrensbeistand zu bestellen und ggf. ist nach § 163 FamFG ein Sachverständigengutachten einzuholen. Zudem sollte das Gericht mit den Mitteln des § 156 Abs. 1 FamFG auf Einvernehmen der Eltern hinwirken und bei einer Einigung der Eltern die Vereinbarung unter den Voraussetzungen des § 156 Abs. 2 FamFG-RV durch Beschluss billigen können (→ B.II.3b). Bei hinreichender Bestimmtheit der Regelung zur Betreuung wäre die gerichtliche Entscheidung

---

³²⁹ Vgl. etwa KG FamRZ 2017, 1409 (Abänderung einer Umgangsregelung in ein Wechselmodell).
³³⁰ Zur Problematik auch *Jokisch* FuR 2013, 679 (684). Dies wird aber schon im geltenden Recht nicht konsequent durchgehalten, insb. wird § 1696 Abs. 1 S. 1 BGB nicht auf die Gestaltungsgrenzen der der Vorentscheidung zugrundeliegenden Norm beschränkt; dazu *Holzner* (Fn. 130) 33 ff., 72 ff., 94.
³³¹ Nach § 57 S. 2 Nr. 1 FamFG wäre ein Rechtsmittel gegen eine einstweilige Anordnung zur geteilten Betreuung nur statthaft, wenn diese als Entscheidung über die Sorge aufzufassen wäre. Anderenfalls gilt § 57 S. 1 FamFG (so auch nach der „umgangsrechtlichen Lösung" des BGH → B 48).

bzw. der gerichtlich gebilligte Vergleich zudem nach § 86 Abs. 1 Nr. 1 bzw. Nr. 2 FamFG vollstreckbar.

IV. Elternstreit über Umfang und Durchführung des Umgangs

1. Umgangsregelung und Anordnungen nach § 1684 Abs. 3 BGB

Ein zentrales Ziel der Kindschaftsrechtsreform von 1998 war es, die Rechtspositionen der Eltern zu stärken und die Eltern vor unnötigen staatlichen Eingriffen zu schützen.[332] Während dieses Ziel im Bereich des Sorgerechts auch weitgehend umgesetzt wurde, hat der Gesetzgeber im Umgangsrecht mit der Ausgestaltung des § 1684 BGB den bevormundenden Charakter der Vorgängernormen[333] in zwei Schritten (1998 und 2009) eher verstärkt. Doch wie lässt sich erklären, dass die in den 1990er Jahren zur Trennungssorge angestellten Erwägungen keinen Eingang in die Diskussion zur Reform des Umgangsrechts fanden und ein Jahrzehnt später die Sanktionsmöglichkeiten bei Umgangsrechtsverletzungen sogar noch verschärft wurden,[334] statt auf eine Deeskalation von Elternkonflikten zu setzen? Die Begründung des Regierungsentwurfs zum Kindschaftsrechtsreformgesetz gibt Hinweise auf eine mögliche Erklärung: Zur Erfüllung des Reformziels einer weitgehenden Beseitigung der rechtlichen Unterschiede zwischen ehelichen und nichtehelichen Kindern sollte eine einheitliche Umgangsregelung für alle Kinder geschaffen und dazu die § 1634 BGB aF und § 1711 BGB aF zusammengeführt werden. Angesichts des gleichwohl vorhandenen Misstrauens gegenüber den Vätern nichtehelicher Kinder scheint jedoch ein paternalistisches Vorgehen bei der Ausgestaltung der Norm unverzichtbar gewesen zu sein.[335] Bei einer erneuten Reform sollte es daher auch

---

[332] BT-Drs. 13/4899, 1, 29, 98. Vgl. auch *Holzner* (Fn. 130) 54.

[333] Gemäß § 1636 BGB von 1900 konnte das „Verkehrsrecht" des nicht sorgeberechtigten Elternteils nach einer Scheidung durch das Vormundschaftsgericht näher geregelt werden. Die Norm orientierte sich am ALR von 1794 (ALR II 2 § 102), wonach es „richterlichem Ermessen vorbehalten [blieb], wie oft, und unter welcher Aufsicht [...] Besuche zu gestatten" sind. Dazu *Mugdan*, Die gesammten Materialien zum Bürgerlichen Gesetzbuch für das Deutsche Reich, Bd. 4, 1899, 336. Vgl. weiter *Hönig*, Das Umgangsrecht im Spannungsfeld zwischen Eltern- und Kindesrechten unter besonderer Berücksichtigung der verfassungsrechtlichen Problematik, 2004, 14 ff., 19 ff., 392 ff. (auch zur weiteren Entwicklung und zur Rspr. seit 1900); *Wapler* (Fn. 32) 39 f.

[334] So explizit BT-Drs. 16/6308, 2. Krit. dazu *Salgo* FPR 2008, 401 ff.

[335] BT-Drs. 13/4899, 105 ff. (dort wird mehrfach auf die Sondersituation des Umgangs des nichtehelichen Kindes mit seinem Vater eingegangen).

ein Ziel sein, § 1684 BGB weniger bevormundend auszugestalten und in der Norm die verfassungsrechtlichen Vorgaben stärker zur Geltung zu bringen.

a) Regelung des Umgangs auf Antrag

Nach der Rechtsprechung des BVerfG darf der Staat erstens nur dann „selbst über den Ausgleich der widerstreitenden Interessen der Eltern […] entscheiden", wenn eine Einigung der Eltern nicht zustande gekommen ist.[336] Zweitens haben die Gerichte bei der Schlichtung des Elternkonflikts „sowohl die beiderseitigen Grundrechtspositionen der Eltern als auch das Wohl des Kindes und dessen Individualität als Grundrechtsträger" zu berücksichtigen.[337] Diese Grundsätze sollten im einfachen Recht im Falle eines Elternkonflikts über den Umgang folgendermaßen umgesetzt werden:[338] Erstens sollte für die Einleitung eines Umgangsverfahrens ein Antrag erforderlich sein (→ C.I.2).[339] Zweitens hat das Gericht auf Einvernehmen (§ 156 Abs. 1 FamFG) hinzuwirken und im Falle einer Einigung der Eltern unter den Voraussetzungen des § 156 Abs. 2 FamFG die Umgangsregelung zu billigen. Drittens hat das Gericht, sofern keine Einigung zustande kommt, ggf. nach Hinwirken auf die Stellung eines sachdienlichen Antrags (§ 28 Abs. 2 FamFG)[340] über den Umgang gemäß § 1697a BGB zu entscheiden.[341] Dabei hat es in erster Linie das Kindeswohl und den Kindeswillen (→ D.II.1), aber auch die berechtigten Interessen der Eltern sowie die tatsächlichen

---

[336] BVerfGE 31, 194 (205); *Zimmer* (Fn. 79) 235; *Leyhausen*, Der beschützte Umgang gemäß § 1684 Abs. 4 BGB als Möglichkeit zur Aufrechterhaltung einer Eltern-Kind-Beziehung in problematischen Trennungs- und Scheidungssituationen, 2000, 40 f.

[337] BVerfG FamRZ 2009, 399 f.; FamRZ 2010, 1622 f. Ähnlich EGMR BeckRS 2011, 81166 (Ziff. 76).

[338] Zur Geltendmachung des *Umgangsrechts des Kindes* nach § 1684 Abs. 1 BGB: BGHZ 176, 337 (341); BVerfGE 121, 69 (95 ff.); *Hönig* (Fn. 333) 249 ff.; *Prüm* (Fn. 325) 8 f.; Johannsen/Henrich/*Jaeger* (Fn. 202) BGB § 1684 Rn. 33. Sofern § 1684 Abs. 3 BGB – wie hier gefordert – als Antragsverfahren ausgestaltet werden sollte, käme die Einleitung eines Umgangsverfahrens auf Anregung des Jugendamts hingegen nur noch in Fällen einer Kindeswohlgefährdung (§ 1666 BGB) in Betracht. Zum eigenen Antragsrecht des Kindes ab 14 Jahren → B 86.

[339] So auch *Osthold* (Fn. 31) 647 ff. mwN; *ders.* FamRZ 2017, 1643 (1647 f.).

[340] Auch für den Erlass einer einstweiligen Anordnung nach § 156 Abs. 3 FamFG sollte ein Antrag verlangt werden, wobei auch hier das Gericht – nach Erörterung des Erlasses einer einstweiligen Anordnung (§ 156 Abs. 3 S. 1 FamFG) – auf die Stellung eines sachdienlichen Antrags hinwirken kann. Dazu MüKoFamFG/*Schumann* (Fn. 241) § 156 Rn. 32; BT-Drs. 16/6308, 237.

[341] BGH FamRZ 2017, 532 (533 Rn. 8); *Gottschalk/Heilmann* ZKJ 2017, 181 (182); Palandt/*Götz* (Fn. 262) BGB § 1684 Rn. 12; *Völker/Clausius*, Das familienrechtliche Mandat, Sorge- und Umgangsrecht, 7. Aufl. 2016, § 2 Rn. 156.

Gegebenheiten und Möglichkeiten zu berücksichtigen. Aufgrund des aus § 1697a BGB abzuleitenden Ermessensspielraums kann das Gericht dem Antrag auch nur teilweise stattgeben,[342] sofern dies nicht zu einer Umgangseinschränkung iSd § 1684 Abs. 4 BGB führt.[343] Auch eine vollständige Abweisung des Antrags kommt nur dann in Betracht, wenn die Voraussetzungen für einen Ausschluss des Umgangs nach § 1684 Abs. 4 BGB (→ C.IV.2) vorliegen.[344] Eine eigene Sachentscheidung darf das Gericht nicht treffen, denn ein gerichtlich angeordneter Umgang, der weder den Vorstellungen des umgangsberechtigten Elternteils noch denen des betreuenden Elternteils entspricht, dürfte weder verfassungsgemäß[345] noch sinnvoll vollstreckbar sein.[346] Bei einer Ausgestaltung des § 1684 Abs. 3 S. 1 BGB als reines Antragsverfahren wäre auch klargestellt, dass das Gericht gehindert ist, ohne Bindung an die Anträge der Beteiligten den Umgang zu regeln.[347]

b) Anordnungen nach § 1684 Abs. 3 S. 2 BGB

Im Rahmen einer Reform ist weiter zu prüfen, ob für Anordnungen zur Loyalitätspflicht (§ 1684 Abs. 2 BGB) überhaupt ein sinnvoller Anwendungsbereich besteht.[348] Denn bei einem Blick in die Kommentarliteratur bleibt die Suche nach einschlägigen Entscheidungen nahezu erfolglos.[349] Vereinzelt wird sogar vertreten, dass solche An-

---

[342] Zum teilweisen Stattgeben eines Antrags auf einen Umgangsausschluss nach § 1684 Abs. 4 BGB vgl. BGH FamRZ 2005, 1471 (1472 f.).
[343] BVerfG FamRZ 2007, 105 (107).
[344] BGH FamRZ 2017, 532 (533 Rn. 10); NJW 1994, 312 f.; *Hammer* FamRZ 2017, 1845.
[345] Vgl. *Gernhuber/Coester-Waltjen* (Fn. 266) § 66 II Rn. 8; BVerfG NJW 2006, 1723. Hierbei ist zu berücksichtigen, dass sowohl die Bestimmung des Umgangs als Teil der Sorge als auch das Umgangsrecht eines nicht sorgeberechtigten Elternteils Ausfluss des Elternrechts aus Art. 6 Abs. 2 S. 1 GG sind (BGH NJW-RR 2016, 1089 [1092]; FamRZ 2017, 532 [534 Rn. 20]). Ein Eingriff in das Elternrecht eines Elternteils darf aber im Elternkonflikt nur zur Durchsetzung des Elternrechts des anderen Elternteils vorgenommen werden (→ B 11).
[346] Zur Problematik der zwangsweisen Durchsetzung des Umgangs BVerfGE 121, 69 (98 ff.).
[347] Zur Auffassung, dass das Gericht nach geltendem Recht nicht an die Anträge der Beteiligten gebunden ist: *Johannsen/Henrich/Jaeger* (Fn. 202) § 1684 Rn. 22; *Viefhues* ZAP Fach 11, 1343 (1344).
[348] Insoweit könnte die vom BMFSFJ im Jahr 2015 in Auftrag gegebene PETRA-Studie „Kindeswohl und Umgangsrecht" weiterführende Erkenntnisse erbringen.
[349] Genannt werden regelmäßig nur Anordnungen nach § 156 Abs. 1 S. 3 und 4 FamFG sowie die Anordnung, an einer Therapie teilzunehmen, die jedoch aufgrund des Eingriffs in das Persönlichkeitsrecht der Eltern unzulässig ist; dazu BGH NJW 1994, 312 (313); *Hönig* (Fn. 333) 300 ff. Auch *Prüm* (Fn. 325) 40 ff., die sich ausführlich mit den Anordnungen nach § 1684 Abs. 3 S. 2 BGB beschäftigt, nennt kaum Beispiele aus der Rspr. Vgl. auch das wenig überzeugende Beispiel in BT-Drs. 13/4899,

ordnungen nur ergehen könnten, wenn das Wohl des Kindes gefährdet erscheint.[350] Dies hätte zur Folge, dass der Anwendungsbereich der Norm sehr eng wäre, da eine Verletzung der Wohlverhaltenspflicht nur selten zu einer Kindeswohlgefährdung führen dürfte.[351]

c) Umgangspflegschaft

Die 2009 in § 1684 Abs. 3 S. 3–5 BGB neu aufgenommene Umgangspflegschaft war von Anfang an umstritten. Vor der Reform konnte sie nur bei Vorliegen einer Kindeswohlgefährdung angeordnet werden,[352] die aber häufig nicht gegeben war. In der Begründung zum Regierungsentwurf heißt es dazu, dass „verfassungsrechtliche Gründe, die es gebieten würden, weiterhin auf die Schwelle der Kindeswohlgefährdung abzustellen", nicht bestünden.[353] Stattdessen wird die Figur des „niedrigschwelligen Eingriffs" bemüht,[354] die zwar nicht explizit genannt wird, jedoch inhaltlich gemeint ist, weil unter Umkehrung des Verhältnismäßigkeitsgrundsatzes die vergleichsweise geringe Intensität des Eingriffs in das Elternrecht zu dessen Rechtfertigung herangezogen wird.[355] Nach ständiger Rechtsprechung des BVerfG betrifft der Verhältnismäßigkeitsgrundsatz aber nur Art und Ausmaß des staatlichen Eingriffs, dh das „Wie" der zur Auswahl stehenden Maßnahmen, und kann demzufolge nicht die Voraussetzungen der Ermächtigungsgrundlage für ein staatliches Eingreifen senken.[356] Vielmehr greift der Grundsatz der Verhältnismäßigkeit erst dann ein, „wenn staatliches Eingreifen überhaupt legitimiert ist, also bei Erreichung der Gefährdungsgrenze"; erst wenn diese Schwelle überschritten ist, „reguliert [er] die dann zu ergrei-

---

105 f. Krit. zur Verhaltenssteuerung durch Recht auch *Salgo* in FS für Dieter Schwab, 2005, 891 (894).
350 So etwa MüKoBGB/*Hennemann* (Fn. 196) § 1684 Rn. 22.
351 AA *Prüm* (Fn. 325) 201, die verfehlt davon ausgeht, dass eine Umgangsrechtsverletzung stets das staatliche Wächteramt nach Art. 6 Abs. 2 S. 2 GG aktiviert.
352 BT-Drs. 16/6308, 345 f., 426. Dazu und zur Kritik an der Umgangspflegschaft *Osthold* (Fn. 31) 655 ff.; *Salgo* in Lipp/Schumann/Veit, Reform des familiengerichtlichen Verfahrens, 2009, 153 (157 ff., 163 ff.); *Veit* ebd., 195 (202 ff.); vgl. aber auch BeckOK BGB/*Veit* (Fn. 196) § 1684 Rn. 40 ff.
353 BT-Drs. 16/6308, 345.
354 Krit. dazu *Salgo* (Fn. 352) 153 (167).
355 BT-Drs. 16/6308, 426: „Die Anordnung einer Umgangspflegschaft beinhaltet auch keinen unverhältnismäßigen Eingriff in das Elternrecht des betreuenden Elternteils", weil „die Belastungen des betreuenden Elternteils […] vergleichsweise gering" sind und „die Umgangspflegschaft nur der Durchführung des ohnehin schon vom Familiengericht angeordneten Umgangs dient." Die Logik, „die Eingriffsschranke des Verhältnismäßigkeitsgrundsatzes argumentativ zur Ausweitung der Ermächtigungsgrundlage" zu nutzen, ist mit *Sturm* Bucerius Law Journal 2011, 8 (12) abzulehnen.
356 BVerfG FamRZ 2010, 713.

fenden Maßnahmen".[357] Besonders problematisch ist dabei, dass § 1684 Abs. 3 S. 3 BGB für die Anordnung der Umgangspflegschaft lediglich eine erhebliche Verletzung der Wohlverhaltenspflicht nach Abs. 2 BGB verlangt.[358] Das Kindeswohl wird hingegen nicht erwähnt und damit der Anschein erweckt, dass allein die Verhaltensverstöße der Eltern untereinander einen Eingriff in das Elternrecht rechtfertigen und letztlich ein Fehlverhalten der Eltern sanktioniert werden soll.[359] Da jedoch nichts anderes bestimmt ist, gilt auch hier § 1697a BGB, sodass eine Umgangspflegschaft nur dann angeordnet werden darf, wenn diese dem Kindeswohl entspricht,[360] was regelmäßig nur durch ein Sachverständigengutachten (dessen Einholung aber gerade vermieden werden sollte)[361] festgestellt werden kann. Der Tatbestand des § 1684 Abs. 3 S. 3 BGB leidet zudem an einem weiteren Mangel: So setzt die Bestellung eines Umgangspflegers keinen Antrag eines Elternteils voraus, was aber im Falle eines Elternkonflikts unterhalb der Kindeswohlgefährdungsschwelle erforderlich wäre, damit der Staat als Schlichter überhaupt zu einer Entscheidung berufen ist.[362] Denn dem sorgeberechtigten Elternteil wird im Umfang des Aufgabenkreises des Umgangspflegers die Sorge entzogen (§ 1630 Abs. 1 BGB),[363] was aber nur im Falle einer Kindeswohlgefährdung[364] oder zur Durchsetzung des Elternrechts des anderen Elternteils auf dessen Antrag hin möglich ist.[365] Angesichts dessen überrascht es nicht, dass die Umgangspflegschaft im Schrifttum stark kritisiert und teilweise auch für verfassungswidrig gehalten wird.[366] § 1684 Abs. 3 S. 3 BGB sollte daher – wie von *Osthold* vor-

---

[357] *Coester* JAmt 2008, 1 (6).

[358] Krit. dazu Stellungnahme des Bundesrates, BT-Drs. 16/6308, 400.

[359] Dabei sollte nicht vergessen werden, dass auch das Vollstreckungsrecht, das Sorgerecht, das nacheheliche Unterhaltsrecht sowie das Schadensersatzrecht weitere „Sanktionsmöglichkeiten" gegen den betreuenden Elternteil im Falle erheblicher Umgangsrechtsverletzungen bereitstellen. Dazu ausführlich *Prüm* (Fn. 325) 62–196.

[360] Zum Kindeswohl als „Richtpunkt der Entscheidung des [Familiengerichts]" BVerfGE 31, 194 (208 f.).

[361] BT-Drs. 16/6308, 345.

[362] Vgl. BVerfGE 31, 194 (205); BVerfG FamRZ 1995, 86 (87).

[363] BT-Drs. 16/6308, 345 f. (sowohl § 1630 Abs. 1 BGB als auch die Regelungen zur Ergänzungspflegschaft werden für entsprechend anwendbar erklärt); *Fröschle* (Fn. 260) Rn. 1182. In Rspr. und Lehre ist die Frage, ob die Umgangspflegschaft einen Eingriff in das Sorgerecht darstellt, jedoch nicht unumstritten; dazu Palandt/*Götz* (Fn. 262) BGB § 1684 Rn. 21 mwN.

[364] Allerdings werden gerade in Fällen des Umgangsboykotts Bedenken gegen die vorschnelle Annahme einer Kindeswohlgefährdung erhoben. Dazu *Kindler* FPR 2012, 422 (423 f.). Vgl. auch *Salgo* FPR 2008, 401 (404 f.).

[365] Dazu ausführlich *Osthold* (Fn. 31) 659 ff., 662 ff.

[366] Verfassungsrechtliche Bedenken äußern: *Osthold* (Fn. 31) 659 ff.; *Heilmann* ZKJ 2011, 184 f.; *Prenzlow* ZKJ 2010, 120 (123); *Zorn* RPfleger 2009, 421 (435); *Salgo* FPR

geschlagen[367] – dahingehend geändert werden, dass die Anordnung einer Umgangspflegschaft (unterhalb der Kindeswohlgefährdungsschwelle) einen Antrag eines Elternteils voraussetzt und nur zu treffen ist, wenn sie dem Wohl des Kindes entspricht.[368]

d) Reform des § 1684 Abs. 3 BGB

Insgesamt könnte die Neuregelung des § 1684 Abs. 3 BGB folgendermaßen aussehen:

> **§ 1684 Abs. 3 S. 1–2 BGB-RV** *Umgang des Kindes mit den Eltern.*
> ¹*Das Familiengericht kann <u>auf Antrag eines Elternteils</u> über den Umfang des Umgangsrechts entscheiden und seine Ausübung näher regeln.* ²*Wird die Pflicht nach Absatz 2 dauerhaft oder wiederholt verletzt, kann das Familiengericht <u>auf Antrag eines Elternteils</u> auch eine Pflegschaft für die Durchführung des Umgangs anordnen (Umgangspflegschaft), <u>wenn diese dem Wohl des Kindes entspricht</u>.* [Satz 4 und 5 werden zu Satz 3 und 4]

2. Maßnahmen nach § 1684 Abs. 4 BGB

Der Umgangsausschluss, der erstmals in § 82 Abs. 2 EheG 1938 geregelt war,[369] erfuhr zuletzt 1998 eine Überarbeitung, die jedoch zahlreiche neue Fragen aufwirft: Da § 1684 Abs. 4 S. 1 BGB den umstrittenen Kindeswohlmaßstab des § 1634 Abs. 2 S. 2 BGB aF[370] übernahm („zum Wohl des Kindes erforderlich"), wurde in der Begründung des Regierungsentwurfs zum Kindschaftsrechtsreformgesetz klargestellt, was damit gemeint sei, nämlich dass Maßnahmen nach Abs. 4 S. 1 nur dann angeordnet werden dürfen, wenn die Einräumung eines (uneingeschränkten) Umgangs dem Kindeswohl widerspricht.[371] Neu eingefügt wurde § 1684 Abs. 4 S. 2 BGB, wonach eine Entscheidung über die Einschränkung[372] oder den Ausschluss

---

2008, 401 (403 f.); AK 11 in 18. DFGT, 2010, 121 f. Vgl. weiter *Gernhuber/Coester-Waltjen* (Fn. 266) § 66 II Rn. 10.

[367] *Osthold* (Fn. 31) 669 ff.

[368] Die Möglichkeit, im Falle einer Kindeswohlgefährdung eine Umgangspflegschaft anzuordnen, bleibt hiervon unberührt. Ihre Anordnung kann als mildestes Mittel sogar vor der Ergreifung anderer Maßnahmen erforderlich sein. Dazu BGH NJW 2012, 151 (153 f.); BVerfG FamRZ 2012, 1127 (1130).

[369] Dazu und zur weiteren Entwicklung *Schulze* (Fn. 225) 268 ff. Vgl. auch *Wapler* (Fn. 32) 56.

[370] Dazu *Schulze* (Fn. 225) 283 ff. mwN.

[371] BT-Drs. 13/4899, 105.

[372] Eine Umgangseinschränkung liegt insb. dann vor, wenn ein begleiteter Umgang nach § 1684 Abs. 4 S. 3 BGB angeordnet oder der übliche Umgang zeitlich stark un-

des Umgangs *für längere Zeit oder auf Dauer* nur ergehen darf, wenn anderenfalls das Wohl des Kindes gefährdet ist,[373] wobei aufgrund der zeitlichen Komponente ein fließender Übergang zwischen beiden Tatbeständen besteht.[374] Der Unterschied zwischen den beiden Eingriffsschwellen in Satz 1 und 2 ist freilich gering, denn die Schwelle der negativen Kindeswohlprüfung ist erst unmittelbar vor der Kindeswohlgefährdungsschwelle erreicht (→ D.I.1).[375] Allerdings wird teilweise angenommen, dass der Kindeswohlmaßstab des Abs. 4 S. 1 demjenigen des § 1696 Abs. 1 S. 1 BGB entspreche. Dies hätte zur Folge, dass Anordnungen nach § 1684 Abs. 4 S. 1 BGB bereits dann möglich wären, wenn die Vorteile der Einschränkung bzw. des Ausschlusses des Umgangs die damit verbundenen Nachteile deutlich überwiegen.[376] Auf der anderen Seite wird aber auch vertreten, dass für einen Ausschluss des Umgangs immer eine Kindeswohlgefährdung erforderlich sei und dass nach Abs. 4 S. 1 nur Maßnahmen zur Einschränkung des Umgangs für eine kürzere Dauer zugelassen seien.[377] Insgesamt ist die Abgrenzung zwischen den beiden Tatbeständen in Abs. 4 S. 1 und S. 2 stark umstritten.[378] Schließlich ist auch die Erstreckung des § 1684 Abs. 4 BGB auf den *Vollzug von Umgangsregelungen* von der Praxis kaum angenommen worden,[379] sodass eine Streichung dieser Erweiterung nahe liegt.

Bei einer Reform ist aber vor allem Folgendes zu erwägen: Der Umgang mit den Eltern dient zwar *regelmäßig* dem Wohl des Kindes (§ 1626 Abs. 3 S. 1 BGB), dies bedeutet aber auch, dass es in Ausnahmefällen geboten sein kann, den Umgang einzuschränken oder auszuschließen.[380] Ein vollständiger Ausschluss des Umgangs darf nach der Rechtsprechung des BVerfG nur im Falle einer Kin-

---

terschritten wird. Vgl. weiter *Altrogge*, in Rahm/Künkel, Handbuch Familien- und Familienverfahrensrecht, (75. Lieferung 8.2017) Umgang Rn. 189; *Schulze* (Fn. 225) 270 f.; *Leyhausen* (Fn. 336) 79 ff., 97 ff. Zum begleiteten Umgang auch *Dreissigacker*, Umgang und Kindeswohl, Rechtliche und psychologische Probleme, 2016, 153 ff.

[373] Zur Neukonzeption in § 1684 Abs. 4 BGB *Osthold* (Fn. 31) 651 ff. mit Hinweis darauf, dass im Wesentlichen die Rspr. kodifiziert wurde. Zu typischen Fallkonstellationen, in denen Maßnahmen nach § 1684 Abs. 4 BGB in Betracht kommen, *Leyhausen* (Fn. 336) 68 ff.

[374] Zur Problematik auch *Prüm* (Fn. 325) 51 ff.; *Osthold* (Fn. 31) 653.

[375] So auch *Fröschle* (Fn. 260) Rn. 1220.

[376] So etwa BeckOK BGB/*Veit* (Fn. 196) § 1684 Rn. 50; Johannsen/Henrich/*Jaeger* (Fn. 202) BGB § 1684 Rn. 34; *Prüm* (Fn. 325) 49; *Leyhausen* (Fn. 336) 78 f.

[377] So *Prüm* (Fn. 325) 49 f.; Staudinger/*Rauscher*, 2014, BGB § 1684 Rn. 265 mwN.

[378] Fraglich ist weiter, ob die Rspr. des BVerfG (FamRZ 2006, 1005 f.; FamRZ 2016, 1917 f.) so zu deuten ist, dass auch bei einer Umgangseinschränkung eine Kindeswohlgefährdung vorliegen muss.

[379] Krit. daher auch *Prüm* (Fn. 325) 55 ff.

[380] Dazu aus kinderpsychologischer Sicht *Kindler/Reinhold* FPR 2007, 291 ff. Vgl. auch *Salgo* (Fn. 349) 891 (892 f.); *Fichtner* u. a. (Fn. 251) 60 f.

deswohlgefährdung angeordnet werden,[381] während eine Einschränkung auch möglich sein sollte, wenn der (uneingeschränkte) Umgang dem Kindeswohl widerspricht.[382] Bei einer Einschränkung des Umgangs in zeitlicher Hinsicht ist auf der einen Seite der aus der Verfassung, der EMRK und der UN-KRK abgeleiteten Bedeutung der Aufrechterhaltung von Kontakten zwischen dem Kind und dem umgangsberechtigten Elternteil Rechnung zu tragen;[383] auf der anderen Seite ist aber auch zu berücksichtigen, dass bei starken Elternkonflikten häufige Kontakte des Kindes zum extern lebenden Elternteil negative Effekte auf die Entwicklung des Kindes haben können (→ A.III.1). Schließlich sollten beide Tatbestände präziser gefasst werden und klarer voneinander abgrenzbar sein:[384] Im Fall einer Kindeswohlgefährdung ist ein Amtsverfahren vorzusehen, dessen Einleitung auf Anregung eines Elternteils oder Dritter erfolgen kann. Dabei sollte auf die zeitliche Komponente ganz verzichtet werden, weil das Gericht bei Vorliegen einer Kindeswohlgefährdung ohnehin im Rahmen des Verhältnismäßigkeitsgrundsatzes den zeitlichen Umfang der Maßnahme prüfen muss.[385] Unterhalb der Eingriffsschwelle des § 1666 BGB besteht hingegen nur dann eine Eingriffslegitimation des Gerichts, wenn ein entsprechender Antrag vorliegt. Die Einschränkung des Umgangs sollte regelmäßig zeitlich befristet sein und nach Ablauf der Frist überprüft werden. Aus Gründen der Klarstellung sollte sich zudem die negative Kindeswohlprüfung im Gesetzeswortlaut niederschlagen. Dementsprechend könnte die Neufassung des § 1684 Abs. 4 S. 1 und 2 BGB-RV (unter Beibehaltung von S. 3 und 4) folgendermaßen aussehen:

> **§ 1684 Abs. 4 S. 1–2 BGB-RV** *Umgang des Kindes mit den Eltern.*
> ¹*Das Familiengericht hat das Umgangsrecht einzuschränken oder auszuschließen, wenn anderenfalls das Wohl des Kindes gefährdet wäre.* ²*Das Familiengericht kann auf Antrag eines Elternteils den Umgang einschränken, solange der uneingeschränkte Umgang dem Kindeswohl widerspricht.* [...]

---

[381] Zur Rspr. des BVerfG Fn. 378; OLG Frankfurt am Main FamRZ 2015, 1730 (1731); *Leyhausen* (Fn. 336) 90 ff. Vgl. auch BT-Drs. 13/8511, 74.
[382] Zur Verweigerung des Umgangs durch das Kind → B 84 (Fn. 404).
[383] Dazu *Osthold* (Fn. 31) 638.
[384] An den beiden Eingriffsschwellen des § 1684 Abs. 4 S. 1 und 2 BGB sollte jedoch festgehalten werden. AA *Osthold* (Fn. 31) 652 ff., der eine Einschränkung oder den Ausschluss des Umgangs nur im Falle einer Kindeswohlgefährdung vorsehen will.
[385] BVerfG NJW 2013, 1867 (1869 Rn. 34). So auch *Osthold* (Fn. 31) 654 f.

D. Kindeswohl und Kindeswille

I. Kindeswohl als Prüfungsmaßstab und Eingriffslegitimation

1. Positive und negative Kindeswohlprüfung

Die positive Kindeswohlprüfung (§ 1697a BGB: „dem Wohl des Kindes am besten entspricht") ist dann vorzunehmen, wenn das Gericht als Schlichter eine Entscheidung zwischen zwei unterschiedlichen Positionen der Eltern zur *Ausübung der Elternverantwortung* treffen muss. Dies kann den Umgang (§ 1684 Abs. 3 BGB), die geteilte Betreuung, eine einzelne Angelegenheit von erheblicher Bedeutung (§ 1628 BGB) oder ggf. *de lege ferenda* die Kompetenzverteilung bei der Alltagssorge (nach dem neuen Vorschlag zu § 1687 Abs. 1 S. 3 BGB-RV) betreffen. Bei einem Elternkonflikt um die *Inhaberschaft der Sorge* ist hingegen nur eine Fallkonstellation der positiven Kindeswohlprüfung unterworfen, nämlich der Elternstreit um die Alleinsorge (bzw. um einen Teil der Alleinsorge) nach § 1671 Abs. 1 S. 2 Nr. 2 oder Abs. 2 S. 2 Nr. 2 BGB (positive Kindeswohlprüfung auf der zweiten Stufe → C.II). Die positive Kindeswohlprüfung führt zu einer „relativen Kindeswohlentscheidung" (Entscheidung zugunsten der Position eines Elternteils). Eine eigene Sachentscheidung darf das Gericht hingegen nicht treffen, weil der Eingriff in das Elternrecht eines Elternteils nur in dem Umfang gedeckt ist, in dem das Elternrecht des anderen Elternteils zum Wohle des Kindes verwirklicht wird (→ A.II.1). Dabei ist hinzunehmen, dass die Entscheidung zwischen den Positionen der Eltern nicht immer die optimale Lösung für das Kind darstellt, denn unterhalb der Schwelle der Kindeswohlgefährdung besteht keine weitere staatliche Eingriffslegitimation.[386] Schließlich gilt die positive Kindeswohlprüfung in Fällen des Elternkonflikts auch für eine *Abänderungsentscheidung* nach § 1696 Abs. 1 S. 1 BGB (bzw. § 1696 Abs. 1 S. 2 BGB-RV), allerdings modifiziert und mit anderen Bezugspunkten: Denn nun wird die bisherige Regelung zu der beantragten Neuregelung ins Verhältnis gesetzt, wobei eine Abänderung nur dann vorzunehmen ist, wenn die Vorteile der Neuregelung die mit ihr verbundenen Nachteile deutlich überwiegen, sodass auch die Neuregelung dem Kindeswohl am besten entspricht.[387]

---

[386] St. Rspr. BVerfG NJW 2006, 1723 mwN.
[387] Vgl. auch *Zimmer* (Fn. 79) 185 f.

Die negative Kindeswohlprüfung („dem Kindeswohl nicht widerspricht")[388] ist hingegen im *Elternkonflikt* vor allem dann vorgesehen, wenn die Sorge bei einem Elternteil eingeschränkt bzw. entzogen (§ 1671 Abs. 1 S. 2 Nr. 2 BGB) oder dem Vater eines nichtehelichen Kindes verwehrt werden soll (§ 1626a Abs. 2 S. 1 BGB).[389] Ein so weitreichender Eingriff in den *Status der Sorge* darf im Elternkonflikt nur dann erfolgen, wenn die weitere Aufrechterhaltung oder die erstmalige Begründung der gemeinsamen Sorge dem Kindeswohl widerspricht (→ C.II). Dagegen spielt die negative Kindeswohlprüfung bei der gerichtlichen Schlichtung eines Elternkonflikts über die *Ausübung der Elternverantwortung* regelmäßig keine Rolle.[390] Sie ist aber dann vorzunehmen, wenn die Eltern eine gerichtliche Billigung ihrer einvernehmlichen Regelung wünschen (§ 156 Abs. 2 S. 2 FamFG). Zwar ist die negative Kindeswohlprüfung nicht mit der Schwelle des § 1666 Abs. 1 BGB gleichzusetzen,[391] aus den Materialien zur Kindschaftsrechtsreform ergibt sich aber, dass ein bestimmter Zustand dann dem Kindeswohl widerspricht, wenn sich dieser als „mit dem Kindeswohl unvereinbar erweist".[392] Dann liegt zwar noch keine Kindeswohlgefährdung vor, aber deren Eintritt ist zu erwarten, sofern der Zustand weiter fortbesteht.[393] Erst wenn diese Schwelle erreicht ist, darf das Gericht (trotz des Einvernehmens der Eltern) keine vollstreckbare Entscheidung der einvernehmlichen Regelung mehr herbeiführen.

Unter Zugrundelegung der neuen BGH-Rechtsprechung zu § 1671 Abs. 1 S. 2 Nr. 2 BGB (→ C.II) und den hier vorgelegten Reformvorschlägen ließe sich daher folgendes Konzept umsetzen:

---

[388] Soweit sich vereinzelt noch die Formulierung „zum Wohl des Kindes erforderlich" findet, sollte sich die Klarstellung, dass hier eine negative Kindeswohlprüfung vorzunehmen ist (BT-Drs. 13/4899, 105), auch im Gesetzeswortlaut niederschlagen (zu § 1684 Abs. 4 BGB → B 77).

[389] Die negative Kindeswohlprüfung ist außerdem in Fällen vorzunehmen, in denen es um eine Übertragung der Alleinsorge nach „Ausfall" eines Elternteils (§§ 1678 Abs. 2, 1680 Abs. 2, 1681 Abs. 2 BGB) oder im Einvernehmen der Eltern (§ 1671 Abs. 2 S. 2 Nr. 1 BGB) geht. In diesen Fällen hat der Gesetzgeber 2013 die Rspr. des BVerfG (NJW 2006, 1723 [1724]) bereits konsequent umgesetzt. Dazu BT-Drs. 17/11048, 19, 21.

[390] Eine Ausnahme könnte künftig § 1684 Abs. 4 S. 2 BGB-RV darstellen, wenn der uneingeschränkte Umgang dem Kindeswohl widerspricht (zur Begründung → B 77).

[391] Zur Problematik auch *Hilbig-Lugani* (Fn. 214) 89 (97 ff.).

[392] BT-Drs. 13/4899, 102; BeckOGK BGB/*Schumann* (Fn. 275) § 1626a Rn. 95; BGHZ 211, 22 (26).

[393] Ähnlich *Zimmer* (Fn. 79) 185 f.

	negative Kindeswohlprüfung	positive Kindeswohlprüfung
1. Elternkonflikt über die gemeinsame Sorge (auch bzgl. Teilsorge)	§ 1671 Abs. 1 S. 2 Nr. 2 BGB-RV (erste Stufe) (→ C.II) § 1671 Abs. 2 S. 2 Nr. 2 BGB-RV (erste Stufe) (Fn. 281) § 1626a Abs. 2 BGB bzw. § 1626a Abs. 3 BGB-RV (→ B.I.2, C.II)	§ 1671 Abs. 1 S. 2 Nr. 2 BGB-RV (zweite Stufe) (→ C.II) § 1671 Abs. 2 S. 2 Nr. 2 BGB-RV (zweite Stufe) (Fn. 281)
2. Elternkonflikt über die Ausübung der Sorge		§ 1628 BGB § 1628 Abs. 2 BGB-RV (→ C.III.2) § 1687 Abs. 1 S. 3 BGB-RV (→ B.II.2)
3. Elternkonflikt über den Umgang	§ 1684 Abs. 4 S. 2 BGB-RV (→ C.IV.2)	§ 1684 Abs. 3 BGB-RV (→ C.IV.1)
4. Einigung über die Wiederbegründung der Sorge (auch bzgl. Teilsorge)	§ 1696 Abs. 1 S. 1 BGB-RV (→ B.I.3)	
5. Einigung über den Wechsel von der gemeinsamen Sorge zur Alleinsorge (auch bzgl. Teilsorge)		§ 1671 Abs. 1 S. 2 Nr. 1 BGB-RV (→ B.I.1) (Vorteile der Alleinsorge müssen die Nachteile deutlich überwiegen)
6. Einigung über die Übertragung der Alleinsorge (auch bzgl. Teilsorge)	§ 1671 Abs. 2 S. 2 Nr. 1 BGB	
7. Einigung über den Umgang, die Betreuung oder die Herausgabe des Kindes	§ 156 Abs. 2 FamFG-RV (→ B.II.3b)	
8. Abänderung einer Entscheidung/eines gerichtlich gebilligten Vergleichs		§ 1696 Abs. 1 S. 2 BGB-RV (→ B.I.3) (Vorteile der Neuregelung müssen die Nachteile deutlich überwiegen)

2. Staatlicher Eingriff bei einer Kindeswohlgefährdung

Als Wächter darf der Staat zum Schutz des Kindes bei einem Elternkonflikt erst dann eingreifen, wenn dieser so eskaliert, dass das Kindeswohl gefährdet ist (→ A.II.1). Liegt eine Kindeswohlgefährdung vor (Tatbestandsebene), dann hat das Gericht Maßnahmen nach § 1666 Abs. 1 und 3 BGB zu prüfen und ggf. anzuordnen; das

Kindeswohl dient dann als Eingriffslegitimation. Dabei ist zu berücksichtigen, dass auch in Hochkonfliktfällen oder in Fällen eines Umgangsboykotts nicht zwangsläufig auf eine Kindeswohlgefährdung geschlossen werden kann,[394] vielmehr muss diese in jedem Einzelfall, regelmäßig durch Einholung eines Sachverständigengutachtens, festgestellt werden.[395] Liegt noch keine Kindeswohlgefährdung vor, so kann im unmittelbaren Vorfeld einer Kindeswohlgefährdung ein Erörterungsgespräch nach § 157 Abs. 1 FamFG geführt werden, das mit einer zeitnahen Überprüfung der weiteren Entwicklung (§ 166 Abs. 3 FamFG) verbunden werden kann.[396] Bei Vorliegen einer Kindeswohlgefährdung ist auf der Rechtsfolgenebene der Grundsatz der Verhältnismäßigkeit zu beachten, sodass eine Maßnahme iSd § 1666 Abs. 1 und 3 BGB ungeeignet ist, „wenn sie in anderen Belangen des Kindeswohls wiederum eine Gefährdungslage schafft und deswegen in der Gesamtbetrachtung zu keiner Verbesserung der Situation des gefährdeten Kindes führt".[397] Resultiert die Kindeswohlgefährdung aus einem hochkonflikthaften Verhalten der Eltern, so ist eine Fremdunterbringung des Kindes oder die Übertragung des Sorgerechts auf den Elternteil, zu dem das Kind bislang kaum Kontakt hatte, unverhältnismäßig, wenn der betreuende Elternteil die Hauptbezugsperson des Kindes ist und seine Erziehungseignung aufgrund seiner Ablehnung des anderen Elternteils zwar eingeschränkt, aber im Übrigen zu bejahen ist.[398] Gerade in Hochkonfliktfällen und in Fällen des Umgangsboykotts besteht die Gefahr, dass sich der primären Kindeswohlgefährdung durch die Eltern eine sekundäre Kindeswohlgefährdung durch eine Fehlentscheidung des Gerichts anschließt.[399]

II. Kindeswille

Dem Kindeswillen, der durch Anhörung des Kindes nach § 159 FamFG zu ermitteln ist, kommt im Rahmen der Kindeswohlprüfung

---

[394] BVerfG FamRZ 2012, 1127 (1129).
[395] Dies gilt insb., wenn als Rechtsfolge ein Aufenthaltswechsel des Kindes oder eine Fremdunterbringung infrage kommt; dazu BVerfG FamRZ 2009, 1897 (1898 f.).
[396] Zum Inhalt des Gesprächs und zum weiteren Verlauf des Verfahrens MüKo-FamFG/*Schumann* (Fn. 241) § 157 Rn. 11 ff. und ausführlich *Berneiser*, Die verfahrensrechtliche Neuregelung der Erörterung der Kindeswohlgefährdung in § 157 FamFG, 2015, 197 ff. Bislang scheinen Gerichte in Hochkonfliktfällen von der Möglichkeit eines Erörterungsgesprächs kaum Gebrauch zu machen.
[397] BGH NJW 2012, 151 (153).
[398] BVerfG FamRZ 2014, 1772 (1774 f.); FamRZ 2012, 1127 (1129). Vgl. aber auch BVerfG NZFam 2014, 1091 (1093 f.); *Salgo* (Fn. 349) 891 (897 ff.).
[399] IdS auch *Salgo* (Fn. 349) 891 (904 f.).

große Bedeutung zu.[400] So kann der Kindeswille bei einem Elternkonflikt über den Aufenthalt des Kindes[401] oder bei der Anordnung einer geteilten Betreuung (→ C.III.2a) im Einzelfall ausschlaggebend sein. Mit zunehmendem Alter des Kindes ist der Kindeswille zudem als Akt seiner verfassungsrechtlich geschützten Selbstbestimmung zu respektieren,[402] wie dies auch § 1626 Abs. 2 BGB zum Ausdruck bringt. Auch wenn keine starre Altersgrenze besteht, so geben Regelungen wie § 1671 Abs. 1 S. 2 Nr. 1, Abs. 2 S. 2 Nr. 2 BGB, §§ 9 Abs. 1 Nr. 3, 60, 164 FamFG eine gewisse Orientierung vor:[403] Ab dem 14. Lebensjahr ist der Wille des Kindes regelmäßig zu beachten, im Einzelfall kann aber auch der autonom bestehende und stabile Wille eines jüngeren Kindes[404] (etwa im Falle einer Verweigerung des Umgangs mit dem extern lebenden Elternteil) beachtlich sein.[405] In Ausnahmefällen, insb. an der Grenze zur Kindeswohlgefährdung, kann sogar der Wille deutlich jüngerer Kinder beachtlich sein.[406]

1. Berücksichtigung des Kindeswillens in Kindschaftssachen

Bereits anlässlich der Sorgerechtsreform von 1979 sollte eine Regelung aufgenommen werden, wonach ein Umgang gegen den Willen eines Kindes, „das das 14. Lebensjahr vollendet hat oder das nach seinem Entwicklungsstand zu einer selbständigen Beurteilung fähig ist", ausgeschlossen sein sollte.[407] Dieses Vetorecht des Kindes stieß jedoch auf so starke Kritik, dass es keine Aufnahme in die endgültige

---

[400] Zur Berücksichtigung des Kindeswillens ausführlich *Dettenborn*, Kindeswohl und Kindeswille, Psychologische und rechtliche Aspekte, 5. Aufl. 2017, 61 ff. und 83 ff. zum Verhältnis von Kindeswohl und Kindeswille.

[401] Etwa KG Berlin FamRZ 2015, 765 f. Vgl. auch BVerfG FamRZ 2009, 1389 f. Zur Berücksichtigung des Kindeswillens bei der Entscheidung zur Übertragung der Alleinsorge *Meckling* (Fn. 75) 513 ff.

[402] BVerfGE 59, 360 (387 f.). Vgl. auch *Peschel-Gutzeit* NZFam 2014, 433 ff.

[403] So auch KG Berlin FamRZ 2015, 765 (766); OLG Zweibrücken NJW-RR 2001, 506 (507).

[404] Zu den Mindestanforderungen an den Kindeswillen *Dettenborn* (Fn. 400) 69 ff., 107 f. sowie 71 ff. zur Problematik des Alterskriteriums. Zur Frage, ob der Kindeswille autonom oder induziert ist, ebd. 94 ff. sowie *Dreissigacker* (Fn. 372) 27 ff. Vgl. weiter *Wapler* (Fn. 32) 532 ff.

[405] BVerfG NJW 2013, 1867 (1869 Rn. 31) und FamRZ 2016, 1917 (1918: „Ein gegen den ernsthaften Widerstand des Kindes erzwungener Umgang kann durch die Erfahrung der Missachtung der eigenen Persönlichkeit unter Umständen mehr Schaden verursachen als Nutzen bringen."). Ähnlich KG FamRZ 2013, 709 f. Vgl. auch § 5 S. 2 KErzG. Vgl. weiter *Hönig* (Fn. 333) 266 ff.; *Schulze* (Fn. 225) 322 ff.; *Zimmer* (Fn. 79) 213 ff., 270 ff.; Staudinger/*Rauscher*, 2014, BGB § 1684 Rn. 281 ff., 295 ff.

[406] BT-Drs. 17/11295, 18 zur Knabenbeschneidung nach § 1631d Abs. 1 BGB. Dazu *Schumann* in FS für Gerd Brudermüller, 2014, 729 (730).

[407] BT-Drs. 7/2060, 5, 33 f.

Gesetzesfassung fand.⁴⁰⁸ Die ablehnende Haltung gegenüber einem Vetorecht des Kindes hat auch bei der Kindschaftsrechtsreform 1998 die Ausgestaltung des Widerspruchs in § 1671 Abs. 1 S. 2 Nr. 1 BGB geprägt: Da es sich hierbei nicht um ein „Vetorecht" handle, könne der Widerspruch des Kindes im Eltern-Kind-Konflikt nur zu einer Sachentscheidung gemäß § 1671 Abs. 1 S. 2 Nr. 2 BGB führen.⁴⁰⁹ Hingegen sieht § 156 Abs. 2 S. 1 FamFG vor, dass bei fehlender „Zustimmung" des verfahrensfähigen Kindes (§ 9 Abs. 1 Nr. 3 FamFG)⁴¹⁰ keine einvernehmliche Regelung zustande kommt (das Kind hat hier als Beteiligter ein echtes Vetorecht und kann daher auf die Ausgestaltung der Regelung Einfluss nehmen). Die Rechtsfolgen sind somit nicht einheitlich ausgestaltet, da der Widerspruch des Kindes im Rahmen des § 1671 Abs. 1 S. 2 Nr. 1 BGB nur eine Kindeswohlprüfung verlangt,⁴¹¹ während bei Regelungen nach § 156 Abs. 2 FamFG – (meist) zum Umgang (und ggf. auch zur geteilten Betreuung) – das Veto des verfahrensfähigen Kindes in jedem Fall zum Scheitern einer gerichtlichen Billigung der einvernehmlichen Regelung der Eltern führt. Unerheblich ist dabei auch, dass dem Veto ganz unterschiedliche Motive zugrunde liegen können: Sie können bspw. von einer vollständigen Ablehnung des Umgangs mit dem umgangsberechtigten Elternteil bis hin zu einer abweichenden Vorstellung über einzelne Modalitäten des Umgangs bzw. einer geteilten Betreuung reichen. Während die Regelung des § 156 Abs. 2 S. 1 FamFG dem Selbstbestimmungsrecht des verfahrensfähigen Kindes vollumfänglich Rechnung trägt,⁴¹² sind bei einer gerichtlichen Entscheidung des Elternkonflikts über den Umgang oder die geteilte Betreuung die Vorstellungen des Kindes im Rahmen der positiven Kindeswohlprüfung zu berücksichtigen.⁴¹³ Dabei hat das Familiengericht zu prüfen, ob das minderjährige Kind bzgl. der konkreten Angelegenheit bereits einsichts- und urteilsfähig ist. Ist dies

---

⁴⁰⁸ Zur damaligen Diskussion *Hönig* (Fn. 333) 64 ff.; *Schulze* (Fn. 225) 319 ff.; *Zimmer* (Fn. 79) 257 ff.
⁴⁰⁹ BT-Drs. 13/4899, 99. Dazu *Zimmer* (Fn. 79) 179 f.; *Meckling* (Fn. 75) 422 ff.
⁴¹⁰ Wenn das Kind nach § 9 Abs. 1 Nr. 3 FamFG verfahrensfähig ist, wirkt es als Beteiligter (§ 7 Abs. 2 Nr. 1 FamFG) selbst an der einvernehmlichen Regelung der Eltern nach § 156 Abs. 2 S. 1 FamFG mit und muss mit dieser einverstanden sein. Dazu MüKoFamFG/*Schumann* (Fn. 241) § 156 Rn. 22.
⁴¹¹ Dazu Staudinger/*Coester*, 2016, BGB § 1671 Rn. 88 ff., 269. Bei der Übertragung der Alleinsorge ist nach § 1671 Abs. 2 S. 2 Nr. 1 BGB sowohl eine negative Kindeswohlprüfung als auch das Fehlen eines Widerspruchs des Kindes vorgesehen.
⁴¹² Bei nicht verfahrensfähigen Kindern ist die „Zustimmung" vom gesetzlichen Vertreter zu erteilen; zusätzlich sind Kindeswohl und Kindeswille im Rahmen der Kindeswohlprüfung (§ 156 Abs. 2 S. 2 FamFG) zu berücksichtigen. Krit. dazu *Löhnig* in *ders.*/Schwab/Henrich/Gottwald (Fn. 113), 17 (21).
⁴¹³ BVerfG NZFam 2018, 72 (74). Vgl. auch *Löhnig* (Fn. 412) 17 (24).

der Fall, dann ist dem Kindeswillen zwar grundsätzlich Geltung zu verschaffen,[414] allerdings sind auch die entgegenstehenden Interessen der Eltern in Bezug auf die Ausgestaltung des Umgangs oder der Betreuung zu berücksichtigen.[415]

2. Antragsrecht eines Jugendlichen im Eltern-Kind-Konflikt

Problematischer erweist sich allerdings die Situation, wenn ein Jugendlicher unabhängig von einem laufenden gerichtlichen Verfahren eine Veränderung im Hinblick auf eine von den Eltern getroffene oder vom Gericht angeordnete Regelung zum Aufenthalt, zur geteilten Betreuung oder zum Umgang anstrebt. Zwar hat das Kind nach § 1684 Abs. 1 BGB ein Recht auf Umgang, jedoch ist umstritten, ob daraus für das verfahrensfähige Kind (§ 9 Abs. 1 Nr. 3 FamFG)[416] ein eigenes Antragsrecht folgt.[417] In allen Bereichen der elterlichen Sorge (einschließlich des Aufenthaltsbestimmungsrechts) können Verfahren unterhalb der Eingriffsschwelle des § 1666 BGB ohnehin nur von einem Elternteil eingeleitet werden.[418] Mit Ausnahme der Religionswahl ist das minderjährige Kind aber auch in anderen höchstpersönlichen Bereichen (wie beim Umgang mit Dritten,[419] einer medizinischen Behandlung,[420] einem Schulwechsel oder der Auswahl

---

[414] In Österreich kann ein einsichts- und urteilsfähiger Minderjähriger den Umgang ablehnen. Das Gericht hat in diesem Fall den Minderjährigen auf die Bedeutung des Umgangs hinzuweisen. Sofern der Minderjährige aber nicht umzustimmen ist, muss der Antrag auf Regelung des Umgangs zurückgewiesen werden. Dazu *Ferrari* in Löhnig/Schwab/Henrich/Gottwald (Fn. 113) 111 (126).

[415] Zur Problematik auch *Wapler* (Fn. 32) 470 ff. und → B 77 am Ende.

[416] Der Umfang der Verfahrensfähigkeit des Kindes nach § 9 Abs. 1 Nr. 3 FamFG ist ebenfalls umstritten, da diese nur dann besteht, wenn dem Kind in einem Verfahren, das die Person des Kindes betrifft, ein eigenes Recht zusteht. Dazu *Schauberger*, Die Partizipation Minderjähriger im Verfahren der freiwilligen Gerichtsbarkeit, 2015, 50–63 mwN. Weiter gefasst ist etwa die Verfahrensfähigkeit des Kindes in Österreich. Dort bestimmt § 104 AußStrG, dass „Minderjährige, die das vierzehnte Lebensjahr vollendet haben, […] in Verfahren über Pflege und Erziehung oder über die persönlichen Kontakte selbständig vor Gericht handeln" können. Dazu *Schauberger*, 179 f.

[417] Befürwortend MüKoBGB/*Hennemann* (Fn. 196) § 1684 Rn. 5 mwN; *Fröschle* (Fn. 260) Rn. 1069. AA *Schürmann* FamFR 2009, 153 (155). Zum fehlenden Antragsrecht des Kindes zur Einleitung eines Vermittlungsverfahrens MüKoFamFG/*Schumann* (Fn. 241) § 165 Rn. 5 (Fn. 21).

[418] Krit. dazu *Löhnig* (Fn. 412) 17 (22 f., 26, 29); Staudinger/*Coester*, 2016, BGB § 1671 Rn. 14 mwN.

[419] Vgl. OLG Brandenburg FamRZ 2016, 1282 (1284) mzustAnm *Hoffmann*.

[420] Bei der medizinischen Behandlung ist umstritten, in welchen Fällen der einsichts- und urteilsfähige Minderjährige allein entscheidet, die gesetzlichen Vertreter entscheiden oder ein Co-Konsens erforderlich ist. Auch das Patientenrechtegesetz hat hier keine Klarheit gebracht; vgl. BT-Drs. 17/10488, 23.

einer Ausbildung[421]) bis zur Grenze der Kindeswohlgefährdung darauf angewiesen, dass die Eltern seine Wünsche bei ihren Entscheidungen berücksichtigen (§ 1626 Abs. 2 BGB). Während in etlichen Nachbarländern einem einsichts- und urteilsfähigen Minderjährigen eigene Rechte zugebilligt werden,[422] sieht das BGB für die genannten Bereiche weder eine Teilmündigkeit noch die Anrufung des Gerichts im Falle eines Eltern-Kind-Konflikts vor. Diese Rechtslage lässt sich mit der Rechtsprechung des BVerfG kaum vereinbaren: Denn danach ist der wachsenden Selbständigkeit des Kindes dadurch Rechnung zu tragen, dass das Elternrecht als pflichtgebundenes, dem Wohle des Kindes dienendes Recht

„seinem Wesen und Zweck nach zurücktreten [muss], wenn das Kind ein Alter erreicht hat, in dem es eine genügende Reife zur selbständigen Beurteilung der Lebensverhältnisse [...] erlangt hat. Als ein Recht, das um des Kindes und dessen Persönlichkeitsentfaltung willen besteht, liegt es in seiner Struktur begründet, daß es in dem Maße, in dem das Kind in die Mündigkeit hineinwächst, überflüssig und gegenstandslos wird [...]. Dabei hat für die Ausübung höchstpersönlicher Rechte der Grundsatz zu gelten, daß der zwar noch Unmündige, aber schon Urteilsfähige die ihm um seiner Persönlichkeit willen zustehenden Rechte soll eigenständig ausüben können."[423]

Kollidieren Kindes- und Elternwille in höchstpersönlichen Angelegenheiten des Kindes, dann sollte diesem ab 14 Jahren ein eigenes Antragsrecht eingeräumt werden,[424] damit das Gericht klären kann, ob das Erziehungsrecht der Eltern in Bezug auf die konkrete Ange-

---

[421] Für den Bereich der Ausbildung sah § 1631a Abs. 2 BGB (1980–1998) folgende Regelung vor: *Nehmen die Eltern offensichtlich keine Rücksicht auf Eignung und Neigung des Kindes und wird dadurch die Besorgnis begründet, daß die Entwicklung des Kindes nachhaltig und schwer beeinträchtigt wird, so entscheidet das Vormundschaftsgericht. Das Gericht kann erforderliche Erklärungen der Eltern oder eines Elternteils ersetzen.* Die Regelung wurde mit der Kindschaftsrechtsreform wieder abgeschafft, da sie kaum praktische Anwendung fand (BT-Drs. 13/4899, 65, 115). Dies lag jedoch daran, dass die Eingriffsschwelle (nachhaltige und schwere Beeinträchtigung der Entwicklung des Kindes) erst unmittelbar vor einer Kindeswohlgefährdung erreicht war. Dazu auch Staudinger/*Salgo*, 2015, BGB § 1631a Rn. 3.
[422] Nach Art. 19c ZGB üben einsichts- und urteilsfähige Minderjährige ihre höchstpersönlichen Rechte selbst aus; dazu *Aebi-Müller/Herzig* in Löhnig/Schwab/Henrich/Gottwald (Fn. 113) 73 (85 ff.). Nach § 172 ABGB kann ein einsichts- und urteilsfähiger Minderjähriger das Gericht anrufen, wenn die Eltern die Meinung des Minderjährigen in Fragen der Ausbildung nicht berücksichtigen. Nach § 173 Abs. 1 ABGB erteilt das einsichts- und urteilsfähige Kind die Einwilligung in eine medizinische Behandlung allein (bei schwerwiegenden Eingriffen ist zusätzlich die Einwilligung des gesetzlichen Vertreters erforderlich). Dazu *Ferrari* (Fn. 414) 111 (119 f.). Nach § 187 Abs. 1 S. 3 ABGB hat das Kind zudem ein eigenes Antragsrecht zur Regelung des Umgangs. In den Niederlanden hat ein Kind ab 12 Jahren ein eigenes Antragsrecht bzgl. der Änderung der Trennungssorge; dazu *Klüsener* in Kaiser/Schnitzler/Friederici/Schilling (Fn. 105) Niederlande Rn. 88.
[423] BVerfGE 59, 360 (387 f.). Vgl. auch *Wapler* (Fn. 32) 421, 441.
[424] Die Entscheidung BVerfG NJW 2003, 3544 f. steht dem nicht entgegen, weil es hier nicht um die Einleitung eines Verfahrens ging.

legenheit noch besteht. Ist das Kind einsichts- und urteilsfähig, dann entfällt das Recht der Eltern, für das Kind eine Entscheidung zu treffen oder es zu bestimmten Handlungen mit erzieherischen Maßnahmen zu „zwingen".[425] Der Antrag des Kindes könnte bspw. auf eine Einschränkung des Umgangs oder auf einen Wechsel des Betreuungsmodells gerichtet sein. Das Gericht müsste dann vor einer Entscheidung die Eltern auf die Bedeutung des § 1626 Abs. 2 BGB hinweisen, nach § 156 Abs. 1 FamFG auf Einvernehmen hinwirken und im Falle einer Einigung aller Beteiligten die einvernehmliche Regelung unter den Voraussetzungen des § 156 Abs. 2 S. 2 FamFG billigen. Lässt sich der Konflikt nicht einvernehmlich lösen, dann könnte bei einer Entscheidung des Gerichts die Rechtsprechung zur Lebensgestaltungsautonomie des volljährigen Kindes, das noch keine eigenständige Lebensstellung erlangt hat, eine Orientierung bieten: Aufgrund des Gebots zur wechselseitigen Rücksichtnahme (§ 1618a BGB) sind die widerstreitenden Interessen unter Würdigung der maßgebenden Umstände abzuwägen.[426] Des Weiteren sollte das Antragsrecht auch andere höchstpersönliche Bereiche (wie die medizinische Behandlung[427] und die Schul- bzw. Ausbildungswahl) erfassen. In diesen Fällen kann auch die Ersetzung der Einwilligung der Eltern zu einem Rechtsgeschäft oder in eine medizinische Behandlung (bzw. die Feststellung, dass keine Einwilligung der Eltern erforderlich ist) als angemessene Maßnahme infrage kommen. Eine Neuregelung könnte in den unbesetzten § 1633 BGB aufgenommen und folgendermaßen ausgestaltet werden:

---

[425] Dazu auch *Jestaedt* (Fn. 21) 65 (77).
[426] BGH NJW 2009, 1742 (1743). Mit Rücksicht auf die Familie als Lebens- und Interessengemeinschaft können bspw. auch wirtschaftliche Interessen der Eltern die Autonomie des Kindes einschränken (BayObLG FamRZ 2000, 976 [977]).
[427] Für den Bereich der medizinischen Behandlung bevorzugt die Verf. die Einführung einer Regelung zur Teilmündigkeit des Minderjährigen, wie sie etwa auch in § 173 ABGB vorgesehen ist; dazu *Kerschner/Sagerer-Foric* (Fn. 105) Rn. 111. Die Einwilligungsbefugnis des einsichts- und urteilsfähigen Minderjährigen in medizinische Behandlungen wird zwar von Teilen der Lehre und Rspr. schon jetzt anerkannt, die Einzelheiten sind jedoch umstritten; dazu *Wapler* (Fn. 32) 534 ff.; *Böhmker*, Die Entscheidungskompetenz des minderjährigen Patienten in der medizinischen Behandlung, 2014, 21 ff.; *Coester-Waltjen* MedR 2012, 553 (555 ff.); *Nebendahl* MedR 2009, 197 ff. So hat insb. das Urteil des BGH (NJW 2007, 217) zum Vetorecht des Minderjährigen für Rechtsunsicherheit gesorgt. Solange diese Frage nicht abschließend geklärt ist, sollte das hier vorgeschlagene Antragsrecht des Kindes daher auch medizinische Behandlungen umfassen.

§ 1633 BGB-RV *Gerichtliche Entscheidung bei Meinungsverschiedenheiten zwischen dem Kind und den Eltern.*
¹*Ein Kind, das das 14. Lebensjahr vollendet hat, kann bei einem Konflikt mit den Eltern über eine höchstpersönliche Angelegenheit, die für das Kind von erheblicher Bedeutung ist, insbesondere in Fragen des Aufenthalts, der Betreuung, des Umgangs, der medizinischen Behandlung und der Ausbildung, das Familiengericht anrufen.* ²*Sofern sich kein Einvernehmen erzielen lässt, hat das Familiengericht nach sorgfältiger Abwägung der von den Eltern und dem Kind angeführten Gründe diejenige Maßnahme zu treffen, mit der das Recht des Kindes auf eine selbstbestimmte Entscheidung angemessen umgesetzt werden kann.*

E. Kindesunterhalt

I. Bestandsaufnahme und Reformbedarf

Die Berechnung des Barunterhalts[428] bei geteilter Betreuung gehört derzeit zu den umstrittensten Fragen des Unterhaltsrechts.[429] Auch hier liegt das Problem darin, dass die §§ 1606 Abs. 3 S. 2, 1612b Abs. 1 S. 1 Nr. 1, 1629 Abs. 2 S. 2 BGB auf das Residenzmodell zugeschnitten sind. Da diese Normen für den Kindesunterhalt bei geteilter Betreuung nicht passen, sind viele Fragen offen. Immerhin besteht über einzelne Punkte weitgehend Einigkeit: (1) Das von den Eltern praktizierte Betreuungsmodell ist vom Unterhaltsrecht anzuerkennen,[430] dh der Kindesunterhalt muss sich an diesem Betreuungsmodell ausrichten.[431] (2) Die Höhe des Barunterhalts ist grundsätzlich nach den Einkommen beider Eltern zu bestimmen (§ 1606 Abs. 3 S. 1 BGB). Allerdings greift beim Residenzmodell die Ausnahme des § 1606 Abs. 3 S. 2 BGB,[432] wonach nur ein Elternteil Barunterhalt zu leisten hat und der Unterhalt daher auf die Höhe zu begrenzen ist, die sich bei Zugrundelegung des Einkommens dieses Elternteils ergibt. Dies stelle (so der BGH) „der Sache nach eine abgekürzte Unterhaltsermittlung dar, indem der geschuldete Unterhalt sogleich nach der individuellen Leistungsfähigkeit des Barunterhaltspflichtigen festgesetzt wird".[433] (3) Nur bei einem paritätischen Wechselmodell soll nach Ansicht des BGH § 1606 Abs. 3 S. 2 BGB nicht anwendbar sein.[434] (4) Auch im paritätischen Wechselmodell

---

[428] Beim Unterhalt von minderjährigen Kindern ist zwischen dem Barunterhalt (Geldleistung), dem Naturalunterhalt (Sachleistung) in Form von Verpflegung, Unterkunft etc. (§ 1612 Abs. 2 S. 1 BGB) und dem Betreuungsunterhalt (§ 1606 Abs. 3 S. 2 BGB) zu unterscheiden. Der Betreuungsunterhalt (persönliche Dienstleistung) besteht aus Tätigkeiten wie Zubereiten des Essens, Waschen der Kleidung, Lernen mit dem Kind usw. Dazu *Damljanovic* (Fn. 56) 116 f.; *Graba* NJW 2016, 833 ff.; *Scheiwe* in dies./Wersig (Fn. 89) 125 (133 f.). Der Begriff „Betreuungsunterhalt" ist unglücklich, weil er auch für den Unterhalt des betreuenden Elternteils nach §§ 1570, 1615l Abs. 2 BGB verwendet wird.
[429] Statt vieler *Brudermüller* in 21. DFGT, 2016, 45 (55 ff.).
[430] Vgl. auch BVerfG NJW 2011, 3215 mwN.
[431] *Seiler* FamRZ 2015, 1845 und 1851; *Empfehlungen des Vorstands* in 22. DFGT, 2017, 135 (A.I.2a) = FamRZ 2018, 86.
[432] Gesetzestechnisch ist die Norm die Ausnahme zur Regel des § 1606 Abs. 3 S. 1 BGB. So auch *Scheiwe* FF 2013, 280 (284); *Schürmann* in Koch, Handbuch Unterhaltsrecht, 13. Aufl. 2017, § 4 Rn. 69.
[433] BGH FamRZ 2017, 437 (439 Rn. 25).
[434] BGH FamRZ 2017, 437 (438 Rn. 20 f.).

hat das Kind einen Anspruch auf Barunterhalt:[435] Sofern der Bedarf des Kindes bei einem Elternteil nicht vollständig gedeckt ist, hat dieses einen Anspruch in Höhe der „noch nicht gedeckten Unterhaltsspitze" gegen den anderen Elternteil.[436] Strittig ist allerdings, wie dieser Anspruch geltend gemacht werden kann. Da § 1629 Abs. 2 S. 2 BGB jedenfalls im paritätischen Wechselmodell nicht passt (das Kind befindet sich nicht in der Obhut *eines* Elternteils), stehen nur die „Umwege" über § 1628 BGB[437] oder über die Bestellung eines Ergänzungspflegers zur Verfügung,[438] sodass auch hier Reformbedarf besteht. Da der BGH seine Rechtsprechung auf das paritätische Wechselmodell beschränkt,[439] wird vor allem zu diskutieren sein, ob und inwieweit eine vom Residenzmodell abweichende Unterhaltsberechnung auch für asymmetrische Betreuungsmodelle zur Anwendung kommen sollte (→ E.III.1).

II. Kindesunterhalt im Residenzmodell, § 1606 Abs. 3 S. 2 BGB

Die Höhe des Barunterhalts wird maßgeblich durch die Unterhaltstabellen und Leitlinien der Oberlandesgerichte bestimmt. Die wichtigste (bundesweit geltende) ist die Düsseldorfer Tabelle, die Anfang der 1960er Jahre entwickelt wurde.[440] Damals orientierte sich die einschlägige Regelung zum Kindesunterhalt am Leitbild der Hausfrauenehe: Gemäß § 1606 Abs. 3 S. 2 BGB (1958) war § 1360 S. 2 BGB (1958), wonach die Ehefrau „ihre Verpflichtung, durch Arbeit zum Unterhalt der Familie beizutragen, in der Regel durch die Führung des Haushalts" einschließlich der Betreuung der Kinder erfüllte,[441] sinngemäß auf die Unterhaltspflicht gegenüber dem

---

[435] BGH FamRZ 2015, 236 (237 Rn. 17f.); FamRZ 2017, 437 (438 Rn. 20ff.).
[436] BGH FamRZ 2017, 437 (441 Rn. 44).
[437] So zuletzt etwa OLG Frankfurt am Main NJW 2017, 336f. AA AG Westerstede BeckRS 2017, 113405 Rn. 15ff.; *Götz* FF 2015, 146 (148f.); *Seiler* FamRZ 2015, 1845 (1850).
[438] BGH FamRZ 2006, 1015 (1016); NJW 2014, 1958 (1959) (vgl. auch OLG Hamm FamRZ 2017, 1596f.). Krit. zu diesen „Umwegen" *Jokisch* FuR 2014, 25; *Schürmann* FamRZ 2017, 442; *Spangenberg* FamRZ 2017, 1383 (1385); *Damljanovic* (Fn. 56) 180ff.
[439] BGH NJW 2014, 1958 (1961 Rn. 27ff.); FamRZ 2015, 236 (237 Rn. 20ff.). Krit. zu dieser Einengung etwa *Kinderrechtekommission DFGT* FamRZ 2014, 1157 (1165); *Sünderhauf* NZFam 2014, 585ff.; *Schürmann* FamRZ 2014, 921f.; *Born* FamRZ 2015, 238f.; *Horndasch* FuR 2016, 558 (559); *Weber* NZFam 2016, 829 (830).
[440] Dazu *Schürmann* (Fn. 432) § 4 Rn. 287ff.
[441] BT-Drs. 2/224, 29f. zu den Aufgaben der Ehefrau: „Allerdings folgt aus ihrer Verpflichtung zur ehelichen Lebensgemeinschaft (§ 1353 BGB), daß es ihre Hauptaufgabe ist, ihre Pflichten als Hausfrau und Mutter zu erfüllen. Sie muß den Haushalt

Kind nach einer Scheidung anzuwenden.[442] Grundlage war das vom BVerfG auf Art. 3 Abs. 2 GG gestützte Gebot, „die Arbeit der Frau als Mutter, Hausfrau und Mithelfende mit ihrem tatsächlichen Wert als Unterhaltsleistung zu berücksichtigen".[443] 1970 wurde das Leitbild der Hausfrauenehe dann auch in den Wortlaut des § 1606 Abs. 3 S. 2 BGB aF aufgenommen und blieb dort als „Mütterprivileg" bis zur Kindschaftsrechtsreform 1998 erhalten.[444] Die Gleichwertigkeit von Betreuungs- und Barunterhalt ist jedoch eine reine Fiktion, denn der „Wert" der Betreuungsleistung eines Elternteils ist nicht vom Umfang der Betreuung abhängig, sondern von dem anhand des jeweiligen Einkommens des anderen Elternteils ermittelten Tabellenwerts.[445]

Trotz geschlechtsneutraler Formulierung beruht § 1606 Abs. 3 S. 2 BGB bis heute auf dem Ernährermodell, bei dem sich ein Elternteil persönlich um die Betreuung des Kindes kümmert und der andere mit seinem Einkommen den Barunterhalt sichert.[446] Für den Elternteil, der das Kind betreut, besteht somit bei Leistungsfähigkeit des anderen Elternteils keine Erwerbsobliegenheit gegenüber dem Kind bis zu dessen Volljährigkeit. Die Frage, ob dieser Grundsatz angesichts einer Müttererwerbstätigenquote von fast 75 %[447] noch zeitgemäß ist,[448] ist durchaus berechtigt. Solange sie aber noch bejaht wird, ist das Erwerbseinkommen des betreuenden Elternteils überobligatorisch und nicht zu berücksichtigen, sofern dies nicht aus-

---

leiten und sich der Erziehung der Kinder widmen. […] Es entspricht unserer überlieferten Auffassung von der Ehe, daß grundsätzlich der Mann erwerbstätig ist und die Frau den Haushalt führt. Die Leistungen von Mann und Frau sind einander gleichwertig."

[442] BT-Drs. 2/224, 55 zu § 1606 BGB: „[…] die Haftung der Mutter beschränkt sich grundsätzlich auf die Führung des Haushalts, die Haftung des Vaters auf die Bereitstellung der erforderlichen Geldmittel."

[443] BVerfGE 17, 1. Dazu insgesamt auch *Scheiwe/Wersig* (Fn. 12) 32 ff. mwN.

[444] § 1606 Abs. 3 S. 2 BGB (1970–1998): *Die Mutter erfüllt ihre Verpflichtung, zum Unterhalt eines minderjährigen unverheirateten Kindes beizutragen, in der Regel durch die Pflege und Erziehung des Kindes.* Dazu auch *Scheiwe* (Fn. 428) 125 (126, 132). Zur historischen Entwicklung des Postulats der Gleichwertigkeit der elterlichen Unterhaltsbeiträge auch *Scheiwe/Wersig* (Fn. 12) 22 ff.

[445] BGH NJW 2006, 3421 (3422 f.). Krit. dazu *Schürmann* in Scheiwe/Wersig (Fn. 89) 147 (149 f.); *Peschel-Gutzeit* ebd., 161 f. Tatsächlich stehen der wirtschaftliche Wert der Betreuungsleistungen für ein Kind und der Baraufwand in einem Verhältnis von 60 % zu 40 %. Dazu *Breithaupt* ebd., 167 (169 f.).

[446] So auch *Scheiwe/Wersig* (Fn. 12) 36, 108 f. Krit. *Schürmann* (Fn. 432) § 4 Rn. 152.

[447] *Statistisches Bundesamt (Destatis)*, Erwerbstätigkeit von Müttern: Deutschland über EU-Durchschnitt, 2017 (https://www.destatis.de/Europa/DE/Thema/Bevoelkerung Soziales/Arbeitsmarkt/Erwerbstaetige_Muetter.html). Vgl. auch *Saygin* (Fn. 121) 11 f., wonach (in Abhängigkeit vom Alter des jüngsten Kindes) ca. 61–74 % der berufstätigen Mütter in Teilzeit arbeiten und ca. 26–38 % in Vollzeit beschäftigt sind.

[448] Vgl. *Empfehlungen des Vorstands* in 21. DFGT, 2016, 189 (195).

nahmsweise zu unbilligen Ergebnissen führt.[449] Auf lange Sicht wird sicher auch hierzu eine Reformdiskussion zu führen sein: Da der Umfang der Betreuungsleistungen typischerweise mit zunehmendem Alter des Kindes abnimmt, während gleichzeitig der Barbedarf des Kindes steigt, läge es nahe, bei älteren Kindern den betreuenden Elternteil bei entsprechender Leistungsfähigkeit zumindest in einem moderaten Umfang am Barunterhalt zu beteiligen. Andererseits sind die Sätze der Düsseldorfer Tabelle eher niedrig angesetzt[450] und das Kind erhält regelmäßig zusätzlich Naturalunterhalt vom betreuenden Elternteil. Auch fallen die dem extern lebenden Elternteil im Rahmen des üblichen Umgangs entstehenden Verpflegungs-, Wohn- und Fahrtkosten regelmäßig kaum ins Gewicht[451] bzw. werden durch die Kindergeldhälfte, die dem barunterhaltspflichtigen Elternteil zusteht (§ 1612b Abs. 1 S. 1 Nr. 1 BGB), ausgeglichen.[452] Da zwei Drittel aller Trennungskinder ausschließlich oder ganz überwiegend von einem Elternteil betreut werden (→ A.III.1), bietet die Düsseldorfer Tabelle nach wie vor für die Mehrzahl der Fälle eine sachgerechte und einfach zu handhabende Grundlage zur Ermittlung des Kindesunterhalts.

Zudem besteht derzeit eher Reformbedarf aufgrund der Missstände in der Unterhaltspraxis: Denn Kinder in Alleinerziehenden-Haushalten erhalten nur in 25 % aller Fälle wenigstens den Mindestunterhalt, in weiteren 25 % aller Fälle nur einen Teil des Unterhalts und in 50 % aller Fälle gar keinen Unterhalt vom barunterhaltspflichtigen Elternteil. Somit müssen 75 % aller Alleinerziehenden den Barbedarf des Kindes vollständig oder teilweise mit staatlicher Hilfe (insb. Unterhaltsvorschuss oder Leistungen nach dem SGB II)[453] und/oder durch eigenes Einkommen decken. Häufig wird der (überwiegend) betreuende Elternteil daher nicht nur Betreuungsunterhalt erbringen, sondern auch Bar- und Naturalunterhalt leisten. Auch

---

[449] BGH NJW 2013, 2897 (2898 f.). Dazu auch *Scheiwe* (Fn. 428) 125 (129 ff.); *Schürmann* (Fn. 432) § 4 Rn. 159.
[450] Scharfe Kritik an der neuen Düsseldorfer Tabelle 2018 äußerten etwa der *Deutsche Juristinnenbund* (Mitteilung v. 13.11.2017, becklink 2008321) sowie der *Verband alleinerziehender Mütter und Väter e. V.* (Pressemitteilung v. 21.11.2017: „Korrigieren Sie die Düsseldorfer Tabelle!"; https://www.vamv.de/uploads/media/PM_VAMV_Offener_Brief_DueDoTabelle_2018_21112017.pdf). Vgl. weiter *Breithaupt* (Fn. 445) 167 (175 f., 180 f.); *Wohlgemuth* FamRZ 2018, 405 ff.; *Borth* FamRZ 2018, 407 ff.
[451] BGH NJW 2014, 1958 (1962 Rn. 39): Die Tabellensätze gehen bereits davon aus, dass der barunterhaltspflichtige Elternteil sein Kind im üblichen Umfang im Rahmen des Umgangs betreut und ihm dann auch Naturalunterhalt gewährt.
[452] *Seiler* FamRZ 2015, 1845 (1846). Zu weiteren Einzelheiten *Damljanovic* (Fn. 56) 123 f.
[453] Unterhaltsvorschussleistungen werden auf Leistungen nach dem SGB II angerechnet; dazu auch BT-Drs. 18/11135, 160.

wenn die Reform des Unterhaltsvorschussgesetzes 2017 ein wichtiger Schritt war, so sollte die ökonomische Situation von Trennungsfamilien (unabhängig vom jeweiligen Betreuungsmodell) durch entsprechende Maßnahmen im Sozial- und Steuerrecht noch weiter verbessert werden, um das Armutsrisiko von Trennungskindern zu senken (dazu insgesamt → A.II.1, A.III.2).

III. Kindesunterhalt bei geteilter Betreuung

1. Vorüberlegungen

Problematisch wird die Anwendung des § 1606 Abs. 3 S. 2 BGB in Fällen, in denen einerseits der betreuende Elternteil über eigenes Einkommen verfügt und andererseits der andere Elternteil das Kind mitbetreut. Hier stellt sich die Frage, bis zu welchem Punkt es sinnvoll ist, innerhalb des Systems der Düsseldorfer Tabelle mit Korrekturen zu arbeiten, bzw. ab wann ein Wechsel zu einer anderen Berechnungsmethode vorgenommen werden sollte. Da bestimmte Kosten, wie das Vorhalten eines Kinderzimmers oder erhöhte Fahrtkosten, auch bei einem erweiterten Umgang entstehen, besteht weitgehend Einigkeit darüber, dass in solchen Fällen Abweichungen von der Düsseldorfer Tabelle notwendig sind. Neben der BGH-Lösung (Herabstufung um eine oder mehrere Einkommensgruppen innerhalb der Düsseldorfer Tabelle)[454] wird von Seiten der Literatur eine ganze Reihe weiterer Vorschläge für die Berechnung des Kindesunterhalts bei erweitertem Umgang unterbreitet.[455] Dabei sind nach Ansicht des BGH und Teilen der Literatur drei Fallgruppen zu unterscheiden: (1) Düsseldorfer Tabelle beim klassischen Residenzmodell, (2) modifizierte Düsseldorfer Tabelle für Fälle des Residenzmodells mit erweitertem Umgang bzw. eines asymmetrischen Betreuungsmodells sowie (3) BGH-Rechtsprechung zum Kindesunterhalt beim paritätischen Wechselmodell.[456] Auch zur Berechnung des Kindesunterhalts bei einer geteilten Betreuung liegen mehrere Alternativvorschläge der Literatur vor,[457] die sich vereinzelt auch nur auf das

---

[454] BGH NJW 2014, 1958 (1962 Rn. 37). Dazu *Damljanovic* (Fn. 56) 124 ff.

[455] Dazu *Damljanovic* (Fn. 56) 128 ff., 137 ff. (mit einem Vergleich der unterschiedlichen Berechnungsmethoden); *Seiler* FamRZ 2015, 1845 (1852 ff.); *Schramm* NZFam 2014, 582 ff.

[456] Dazu auch Wendl/Dose/*Klinkhammer*, Das Unterhaltsrecht in der familienrichterlichen Praxis, 9. Aufl. 2015, § 2 Rn. 449. Krit. zur Dreistufenlösung *Spangenberg* NZFam 2017, 436 (438).

[457] Einen Überblick gibt *Damljanovic* (Fn. 56) 141 ff., 158 ff. (mit einem Vergleich der verschiedenen Modelle, wobei die Höhe des Barunterhalts je nach Berechnungsmethode teilweise stark variiert).

(nahezu) paritätische Wechselmodell beziehen.[458] Allerdings ist zu berücksichtigen, dass die beiden Berechnungsmethoden (§ 1606 Abs. 3 S. 2 BGB für das Residenzmodell einerseits und § 1606 Abs. 3 S. 1 BGB für die geteilte Betreuung andererseits) wesentliche Unterschiede aufweisen, sodass es beim Wechsel vom einen in das andere System zwangsläufig zu größeren Verschiebungen kommt. Dieses Problem stellt sich aber auch bei einer Anwendung der BGH-Rechtsprechung, wenn zB die Mitbetreuung von 45 % auf 50 % steigt und damit ein Wechsel von einer Umgruppierung in der Düsseldorfer Tabelle hin zu einer Berechnung nach § 1606 Abs. 3 S. 1 BGB erfolgt. Überzeugende Gründe, warum dieser Schnitt erst beim Erreichen eines paritätischen Wechselmodells zu vollziehen sein sollte, hat der BGH bislang nicht dargelegt.

Für die Berechnung des Unterhalts bei einer geteilten Betreuung ist daher zunächst die Frage zu beantworten, ab welchem Betreuungsanteil § 1606 Abs. 3 S. 2 BGB nicht mehr zur Anwendung kommen sollte. Liegt eine geteilte Betreuung vor (Betreuungsanteil von mind. 30 %, Verantwortung für den Alltag des Kindes und „Zuhausesein" in beiden Elternhäusern), dann kommen beide Eltern ihrer Unterhaltspflicht gegenüber dem Kind auch durch Betreuung nach,[459] sodass § 1606 Abs. 3 S. 2 BGB nicht mehr uneingeschränkt zur Anwendung kommen kann. Noch nicht geklärt ist damit aber die Frage, ob es bei der Berechnung des Barunterhalts zwischen den beiden Berechnungsmethoden für das Residenzmodell einerseits und die geteilte Betreuung andererseits eine Zwischenstufe geben sollte (bspw. bei einer Mitbetreuung zwischen 30 % und 40 %) und ob diese durch eine Modifikation der Berechnungsmethode beim Residenzmodell oder eher durch eine eigenständige Lösung gestaltet werden sollte. Gegen eine Zwischenstufe iSd BGH-Lösung (Herabstufung innerhalb der Düsseldorfer Tabelle) spricht, dass diese Lösung mit Erreichen der untersten Stufe regelmäßig endet,[460] sodass bei einem mitbetreuenden Elternteil mit einem geringen Einkommen eine Herabstufung gar nicht möglich ist.[461] Vor allem stellt aber die Herabsetzung um 1–2 Stufen keine angemessene Bewertung der Bedarfsdeckung bei einer Mitbetreuung von 30 % oder mehr dar.[462]

---

[458] So etwa der Reformvorschlag von *Damljanovic* (Fn. 56) 175 f.

[459] So auch *Schürmann* (Fn. 432) § 4 Rn. 155. Vgl. auch *Empfehlungen des Vorstands* in 21. DFGT, 2016, 189: „Einer von beiden Eltern geleisteten Betreuung sollte bei der Bemessung des Unterhalts eine größere Bedeutung zukommen."

[460] KG FamRZ 2016, 832 f.

[461] An eine Ausnahme ist lediglich zu denken, wenn der betreuende Elternteil über ein deutlich höheres Einkommen verfügt.

[462] Vgl. etwa OLG Düsseldorf FamRZ 2016, 142 ff. (Mitbetreuung von 39 %) und OLG Frankfurt am Main FamRZ 2017, 889 ff. (Mitbetreuung an 6 von 14 Tagen). Krit. daher auch *Schürmann* (Fn. 432) § 4 Rn. 156, 168.

Unabhängig davon würde aber eine Zwischenstufe die Berechnung des Kindesunterhalts eher komplizierter als einfacher machen und zu Konfliktpotenzial an zwei Stellen (Wechsel von der Berechnungsmethode beim Residenzmodell zur Zwischenstufe einerseits und von der Zwischenstufe zur Berechnungsmethode bei geteilter Betreuung andererseits) führen.[463] Nicht zuletzt spricht auch die rechtspolitische Entwicklung der letzten Jahre dafür, eine egalitäre Rollenverteilung bei der Betreuung von Kindern eher zu stützen als zu behindern.[464] Daher wird im Folgenden vorgeschlagen, nur *einen* Wechsel vom klassischen Residenzmodell (§ 1606 Abs. 3 S. 2 BGB) zur Berechnungsmethode bei geteilter Betreuung ab einer Mitbetreuung von 30 % vorzunehmen.[465]

Für Überlegungen *de lege ferenda* ist weiter zu fragen, welcher allgemeine Grundsatz § 1606 Abs. 3 BGB zugrunde liegt. Dieser besteht darin, dass bei einem minderjährigen Kind beide Eltern Betreuungs- und Barunterhalt schulden, wobei die Aufteilung den Eltern obliegt. Wird die Arbeitsteilung von den Trennungseltern einvernehmlich geregelt, dann ist es Aufgabe des Gesetzgebers, ein normatives Angebot zur Verfügung zu stellen,[466] das das jeweilige Betreuungsmodell auch unterhaltsrechtlich angemessen abbildet und es den Eltern erlaubt, den Barunterhalt möglichst einfach zu bestimmen (beides ist derzeit nur beim Residenzmodell gewährleistet). Im Falle eines Elternkonflikts über das Betreuungsmodell und die damit verbundene Aufgabenverteilung ist hingegen zunächst zu klären, ob eine geteilte Betreuung gerichtlich anzuordnen ist (→ C.III.2). Auch in diesem Fall gibt dann das (gerichtlich angeordnete) Betreuungsmodell vor, nach welchem System (Residenzmodell oder geteilte Betreuung) der Kindesunterhalt zu berechnen ist.[467]

---

[463] Dies gilt etwa für den Vorschlag von *Sünderhauf* NZFam 2014, 585 (588), wonach der Elternteil, der sein Kind zwischen 11 % und 32 % der Zeit betreut, für drei Viertel des Barbedarfs des Kindes haften soll, während bei einem Betreuungsanteil ab 33 % nur noch die Hälfte des Barbedarfs geschuldet sein soll.

[464] So werden zB mit dem Elterngeld Plus Paare gefördert, bei denen beide Eltern in Teilzeit (25–30 Stunden) arbeiten (§ 4 Abs. 4 S. 3 BEEG). Vgl. auch *Marten* (Fn. 72) 104 f.

[465] Die Frage, ab welchem Betreuungsanteil bei Vorliegen der weiteren Voraussetzungen (Verantwortung für den Alltag des Kindes und „Zuhausesein" des Kindes in beiden Elternhäusern) ein Wechsel von § 1606 Abs. 3 S. 2 BGB zu der hier vorgeschlagenen Berechnung einsetzen sollte, ist eine politische Entscheidung. Gut vertretbar wäre auch ein Wechsel bei einem Mitbetreuungsanteil von 33 % oder 35 % (letzteres entspricht einem Betreuungsverhältnis von 128 zu 237 Tagen im Jahr).

[466] So auch *Jokisch* FuR 2014, 25 (31).

[467] Schließlich ist noch an Fälle zu denken, in denen sich die Eltern zwar über die geteilte Betreuung einig sind, sich aber über die Höhe des Kindesunterhalts streiten (vgl. etwa BGH NJW 2014, 1958). Denn entgegen der Stellungnahme der *SFK 3 des*

In beiden Systemen wird es zudem Bereiche geben, die einheitlich behandelt werden können: Dies betrifft bspw. die von der Rechtsprechung entwickelten Grundsätze zur Unterscheidung von Grund-/Regelbedarf und Mehrbedarf,[468] die Berücksichtigung berufsbedingter Aufwendungen und die Höhe des angemessenen bzw. notwendigen Selbstbehalts.[469] Des Weiteren sollten auch in die Berechnungsmethode für die geteilte Betreuung Vereinfachungen und Pauschalierungen eingebaut werden, die es erlauben, möglichst ohne aufwändige Aufstellungen bzw. Berechnungen ein angemessenes Ergebnis zu erhalten. Dabei ist in Kauf zu nehmen, dass Einzelfragen erst im Laufe der Zeit – wie dies auch beim Barunterhalt im Residenzmodell über Jahrzehnte der Fall war – durch richterliche Rechtsfortbildung geklärt werden. Daher werden zwar im Folgenden Prinzipien herausgearbeitet, die einer Berechnung des Barunterhalts bei geteilter Betreuung zugrunde gelegt werden können, gleichzeitig muss aber neben einer gesetzlichen Regelung Raum für die Klärung von Detailfragen durch die Rechtsprechung bleiben, die idealerweise in Leitlinien zusammengefasst werden könnten.

Des Weiteren sollte den Eltern bei der Erarbeitung einer Unterhaltsvereinbarung[470] Beratung und Unterstützung angeboten werden. Denn Unterhaltskonflikte werden durch eine partnerschaftlich getroffene Regelung des Barunterhalts entschärft, während ein gerichtlich festgelegter Unterhalt im weiteren Verlauf häufiger zu Streit zwischen den Eltern und Zahlungsproblemen führt.[471] Zudem wird bei der Berücksichtigung von zwei Einkommen und ggf. variierenden Betreuungszeiten auch öfter als im Residenzmodell ein Anpassungsbedarf bestehen. Durch entsprechende Anpassungsklauseln oder die Einrichtung eines Kinderkontos (auf das die Eltern anteilig für den über die Lebenshaltungskosten hinausgehenden Bedarf einzahlen) könnten Konflikte von vornherein reduziert werden.[472] In

---

DIJuF FamRZ 2013, 346 (347) sollte die Einigung über den Kindesunterhalt keine Voraussetzung für die Anerkennung einer geteilten Betreuung sein.

[468] Der Unterhaltsbedarf des Kindes (§ 1610 BGB) setzt sich zusammen aus dem Grund-/Regelbedarf, der dem Tabellenwert entspricht und den üblichen Lebensbedarf erfasst, sowie dem Mehrbedarf, der darüber hinausgehende Positionen wie zB die Kosten für Nachhilfe oder den Besuch einer Privatschule umfasst. Er ist zu unterscheiden vom Sonderbedarf nach § 1613 Abs. 2 Nr. 1 BGB. Dazu *Schürmann* (Fn. 432) § 4 Rn. 54 f., 79; *Damljanovic* (Fn. 56) 117 f.

[469] Dazu auch *Wohlgemuth* FamRZ 2014, 84.

[470] Zu den Inhalten einer Elternvereinbarung zum Kindesunterhalt *Damljanovic* (Fn. 56) 186 ff.

[471] *Forsa* (Fn. 102) 133, 155; *Marten* (Fn. 72) 102.

[472] Dazu *Wohlgemuth* FamRZ 2017, 676 (677); SFK 3 des DIJuF FamRZ 2017, 1299 (1301). Auch Freistellungsvereinbarungen sind in Grenzen zulässig. Dazu insgesamt *Schürmann* (Fn. 432) § 4 Rn. 92 f., 95; *Wendl/Dose/Klinkhammer* (Fn. 456) § 2

jedem Fall ist der Beratungsbedarf deutlich höher als beim Residenzmodell, zumal auch sozial- und steuerrechtliche Folgen zu berücksichtigen sind. Daher sollte das Beratungskonzept der §§ 17, 18 SGB VIII entsprechend erweitert werden (zu Vorschlägen hierzu → C.I). Schließlich ist (nach dem Vorbild anderer Länder) die Einrichtung einer Homepage mit einem „Unterhaltsrechner" in Erwägung zu ziehen (→ A.IV), der den Eltern eine erste Orientierung bieten und konsensuale Lösungen fördern könnte.[473]

2. Berechnungsmethode

Die im Folgenden dargestellte Berechnungsmethode orientiert sich in weiten Teilen an den Vorgaben des BGH zum paritätischen Wechselmodell,[474] kann jedoch auch auf asymmetrische Betreuungsmodelle angewandt werden (→ E.III.5b).

a) Ermittlung des Bedarfs des Kindes

Bei einer geteilten Betreuung bestimmt sich der angemessene Kindesunterhalt nach den Erwerbs- und Vermögensverhältnissen beider Eltern (§ 1606 Abs. 3 S. 1 BGB) und ist anhand der Düsseldorfer Tabelle zu ermitteln.[475] Zu diesem Tabellenwert als Grundbedarf (Verköstigung, Kleidung, Freizeitaktivitäten und Wohnraum in einer Wohnung) soll nach der Rechtsprechung des BGH der durch die geteilte Betreuung hervorgerufene und durch den Tabellenwert nicht abgedeckte Mehrbedarf (insb. zweites Kinderzimmer, Fahrtkosten, Doppelanschaffungen) hinzugerechnet werden.[476] Dem wird entgegengehalten, dass bei der geteilten Betreuung aufgrund der Bemessung des Barunterhalts aus der Summe von zwei Einkommen ein im Vergleich zum Residenzmodell ohnehin höherer Barunterhalt entstehe, aus dem der „Wechselmehrbedarf" gedeckt werden könne.[477] Nach Ansicht des BGH berücksichtigt diese Sichtweise jedoch nicht,

---

Rn. 762 ff.; *Hilbig-Lugani* (Fn. 122) 188 ff.; *Seiler* FamRZ 2015, 1845 (1851 f.); *Scheiwe* FF 2013, 280 (287 f.).

[473] Hingegen bietet sich bei geteilter Betreuung die Geltendmachung des Unterhaltsanspruchs in einem vereinfachten Verfahren (§ 249 FamFG) nicht an. Vgl. auch OLG Brandenburg NZFam 2017, 1062 mAnm *Spangenberg*.

[474] Auch zu einzelnen in der Literatur vorgeschlagenen Berechnungsmethoden, insb. von *Seiler* (FamRZ 2015, 1845 [1856] und FamRZ 2016, 1057) und *Wohlgemuth* (FamRZ 2017, 676 [680]), gibt es Übereinstimmungen.

[475] Insoweit sind die „Errungenschaften der Düsseldorfer Tabelle" zu nutzen; *Seiler* FamRZ 2015, 1845 (1847).

[476] BGH FamRZ 2017, 437 (439 Rn. 35).

[477] *Spangenberg* FamRZ 2014, 88 (89 f.). So im Ergebnis auch *Sünderhauf* (Fn. 8) 525 ff.

dass sich die Lebensstellung des Kindes bei der Berechnung des Bedarfs nach § 1606 Abs. 3 S. 1 BGB von den Einkommen beider Eltern ableite. Dies sei im Übrigen auch beim Residenzmodell so, weil das Kind an einem höheren Lebensstandard eines betreuenden Elternteils mit eigenem Einkommen ebenfalls partizipiere.[478] Freilich nimmt das minderjährige Kind typischerweise *immer* am Lebensstandard des jeweils betreuenden Elternteils teil, sodass dieses Argument sowohl in die eine als auch in die andere Richtung eingesetzt werden kann. Wie die Beispiele unter → E.III.5 zeigen, fällt der Kindesunterhalt bei einer geteilten Betreuung im Falle der Leistungsfähigkeit beider Eltern deutlich höher aus,[479] sodass der „Wechselmehrbedarf" aus Gründen der Vereinfachung im Regelfall auch weggelassen werden könnte.[480] Die Berücksichtigung des typischerweise anfallenden „Wechselmehrbedarfs" erscheint nicht zwingend, in jedem Fall sollte eine solche Berücksichtigung aber nur im Wege einer Pauschalierung erfolgen, also bspw. durch Erhöhung des ermittelten Tabellenwerts um einen pauschal festzulegenden Prozentsatz,[481] wobei die Einzelheiten in ergänzenden Leitlinien festgelegt werden könnten. Sollte ein pauschaler Aufschlag für den „Wechselmehrbedarf" vorgesehen werden, dann erhöht dieser den Grund-/Regelbedarf (dh den Tabellenwert).[482]

Umstritten ist auch die Anrechnung des Kindergeldes,[483] das nach § 64 Abs. 1 EStG bzw. § 3 Abs. 1 BKGG nur an einen Elternteil ausgezahlt werden kann.[484] Nach der Rechtsprechung des BGH ist das Kindergeld im Falle eines paritätischen Wechselmodells nur zur Hälfte auf den Barbedarf des Kindes anzurechnen (§ 1612b Abs. 1 S. 1 Nr. 1 BGB), während die auf die Betreuung entfallende andere Kindergeldhälfte mit Hilfe des familienrechtlichen Ausgleichsan-

---

[478] BGH FamRZ 2017, 437 (439 Rn. 25).

[479] In den Berechnungsbeispielen beträgt der Barunterhalt für beide Kinder bei geteilter Betreuung 1.317 EUR, während der Barunterhalt nach § 1606 Abs. 3 S. 2 BGB für beide Kinder bei Zugrundelegung des bereinigten Nettoeinkommens des Vaters bei nur 997 EUR liegt.

[480] So auch *Spangenberg* FamRZ 2017, 1383 (1384); *SFK 3 des DIJuF* FamRZ 2017, 1299 (1300); *Empfehlungen des Vorstandes* in 22. DFGT, 2017, 135 (A.I.2b) = FamRZ 2018, 86.

[481] So auch *Schürmann* FamRZ 2017, 442 f.; *Scheiwe* FF 2013, 280 (285).

[482] Zur Erhöhung des Grundbedarfs um den „Wechselmehrbedarf" auch BGH FamRZ 2017, 437 (439 f. Rn. 31 ff.), wobei der BGH es für unerlässlich hält, dass die Wohnmehrkosten konkret berechnet werden (Rn. 35). Ähnlich *Seiler* FamRZ 2015, 1845 (1847). Vgl. auch *Damljanovic* (Fn. 56) 167 f.

[483] Einen Überblick über die hierzu vertretenen Auffassungen gibt *Damljanovic* (Fn. 56) 142 ff.

[484] Können sich die Eltern nicht einigen, an wen das Kindergeld ausgezahlt wird, dann kann eine Bestimmung durch das Familiengericht (§ 64 Abs. 2 S. 3 EStG, § 3 Abs. 2 S. 3 BKGG iVm § 231 Abs. 2 S. 1 FamFG) erfolgen.

spruchs unter den Eltern auszugleichen ist.[485] Diese Lösung erschwert zwar nicht die Berechnung des Barunterhalts bei geteilter Betreuung, führt aber zu einem zusätzlichen monatlichen Ausgleichsanspruch zwischen den Eltern, der regelmäßig unter 50 EUR liegt.[486] Auf der anderen Seite wäre die Anwendung des § 1612b Abs. 1 S. 1 Nr. 2 BGB ungerecht, weil dann Betreuungsleistungen bei der Anrechnung des Kindergeldes im Falle einer geteilten Betreuung keine Anerkennung fänden. Da eine Gesetzeslücke besteht[487] und eine vergleichbare Sachlage vorliegt, ist § 1612b Abs. 1 S. 1 Nr. 1 BGB auf die geteilte Betreuung analog anzuwenden.[488] Dies hat zur Folge, dass von dem ermittelten Tabellenwert nur das halbe Kindergeld abzuziehen und die andere Hälfte entsprechend den Betreuungsanteilen der Eltern auszugleichen ist.[489] Der Anspruch auf Barunterhalt (in Höhe der nicht gedeckten Unterhaltsspitze) und der familienrechtliche Ausgleichsanspruch können zur Vereinfachung des Ausgleichs zwischen den Haushalten miteinander verrechnet werden.[490]

b) Berücksichtigung der Betreuungsanteile der Eltern

Der Bedarf des Kindes bei einem Elternteil ist auch vom Umfang der Betreuung durch diesen Elternteil abhängig. Betreuen beide El-

---

[485] BGH NJW 2016, 1956 (1958 Rn. 23 ff.) mkritAnm *Ruetten*; BGH FamRZ 2017, 437 (441 Rn. 47 ff.); *Jokisch* FuR 2014, 25 (27); *Hennemann* NZFam 2016, 825 (827). Zur Gleichwertigkeit von Betreuungs- und Barunterhalt BVerfGE 17, 1 (st. Rspr.) und BVerfG NJW 2011, 3215 ff.; dazu auch *Graba* NJW 2016, 833 (834).

[486] Erhält der überwiegend betreuende Elternteil das Kindergeld und beträgt der Betreuungsanteil des anderen Elternteils 30%, so stehen diesem Elternteil für den anteilig erbrachten Betreuungsunterhalt 29,10 EUR pro Kind zu (30% des halben Kindergeldes). Bei einem paritätischen Wechselmodell beträgt der Ausgleichsbetrag 48,50 EUR (50% des halben Kindergeldes). Ab dem dritten Kind fallen diese Beträge etwas höher aus. Nachvollziehbar ist daher, dass der *SFK 3 des DIJuF* (FamRZ 2017, 1299 [1300 f.]) vorschlägt, bei einer Beratung den Eltern zu empfehlen, vom Barunterhalt das gesamte Kindergeld abzuziehen, um die Berechnung zu vereinfachen (zumal dies zu kaum abweichenden Ergebnissen führen dürfte).

[487] Das Problem liegt darin, dass der Gesetzgeber die Möglichkeit der geteilten Betreuung nicht gesehen und § 1612b Abs. 1 S. 1 Nr. 1 BGB ausdrücklich nur auf das Residenzmodell bezogen hat; vgl. BT-Drs. 16/1830, 30.

[488] *De lege ferenda* könnte § 1612b Abs. 1 S. 1 Nr. 1 BGB in Anlehnung an *Damljanovic* (Fn. 56) 176 folgendermaßen ergänzt werden: *[...] zur Hälfte, wenn ein Elternteil seine Unterhaltspflicht durch Betreuung des Kindes erfüllt (§ 1606 Abs. 3 Satz 2) oder die Eltern eine geteilte Betreuung praktizieren.* Eine einfachere Lösung ließe sich nur erreichen, wenn das Kindergeld künftig generell (dh auch im Residenzmodell) nicht mehr zur Hälfte auf den Betreuungsunterhalt angerechnet werden würde.

[489] So auch *Damljanovic* (Fn. 56) 160 ff. Vgl. aber auch *Ruetten* NZFam 2016, 337 (338 ff.). Dazu insgesamt auch *Seiler* FamRZ 2015, 1845 (1848 f.); *Bausch/Gutdeutsch/Seiler* FamRZ 2012, 258 (259).

[490] BGH FamRZ 2017, 437 (441 Rn. 50).

tern paritätisch, dann ist der Barbedarf des Kindes bei beiden Eltern etwa gleich hoch, wenn beide neben den Lebenshaltungskosten (Verpflegung, Wohnen inkl. Strom, Wasser, Heizung) auch alle anderen laufenden Kosten (Kleidung, Spielsachen, Schulmaterial, Freizeitaktivitäten etc.) zu gleichen Teilen übernehmen. Diese Form der Bedarfsdeckung entspricht der Vorstellung, dass eine geteilte Betreuung auf einer von beiden Eltern in gleicher Weise praktizierten Elternverantwortung beruht, bei der beide Eltern auch für den Alltag des Kindes während der jeweiligen Betreuungszeit vollumfänglich verantwortlich sind. Liegt ein asymmetrisches Betreuungsmodell vor, dann ist ein großer Teil der Lebenshaltungskosten auch asymmetrisch verteilt. Alle anderen Kosten könnten zwar auch anteilig nach den Einkommensverhältnissen der Eltern abgedeckt und bspw. über ein „Kinderkonto" abgewickelt werden. Eine solche Aufteilung der Kosten in einzelne Positionen würde jedoch die Berechnung komplizierter machen.[491] Daher sollte der jeweilige Betreuungsanteil (ebenso wie die Höhe des jeweiligen Einkommens) als Faktor in die Berechnung einfließen.[492] Gleichzeitig wird auf diese Weise eine angemessene Bewertung der Betreuungsleistungen erreicht, weil der Elternteil, der das Kind überwiegend betreut, typischerweise auch häufiger mit diesem Kind Einkäufe erledigen wird. Dies hätte dann zur Folge, dass der Elternteil, der das Kind bspw. zu zwei Dritteln betreut, auch den Bedarf des Kindes in Höhe von zwei Dritteln, der andere Elternteil den Bedarf dagegen nur in Höhe eines Drittels abzudecken hätte. Beide Eltern hätten dann einerseits im jeweiligen Umfang sämtliche Kosten (Verpflegung, Kleidung usw.) zu tragen, andererseits müsste ihnen aber auch Barunterhalt in der entsprechenden Höhe zur Verfügung stehen, damit sie den jeweiligen Bedarf des Kindes abdecken können (dazu Berechnungsbeispiel → E.III.5.b). Bei einer Reform wäre hierfür eine Ergänzung zu § 1606 Abs. 3 S. 1 BGB dahingehend erforderlich, dass in Fällen einer geteilten Betreuung neben den unterschiedlich hohen Einkommen der Eltern auch die unterschiedlich hohen Betreuungsanteile zu berücksichtigen sind.[493] Zudem sollte klargestellt werden, dass § 1606 Abs. 3 S. 2 BGB nur noch zur Anwendung kommt, wenn ein Elternteil das Kind ganz überwiegend betreut.[494]

---

[491] Vgl. *Wohlgemuth* FPR 2013, 157 ff.; *dies.* FamRZ 2017, 676 (677 f.). Dazu auch *Damljanovic* (Fn. 56) 147 ff., 170 f.
[492] So auch *Sünderhauf* NZFam 2014, 585 (587).
[493] Unbenommen bliebe es den Eltern, im Wege einer Unterhaltsvereinbarung eine abweichende Lösung vorzusehen, etwa für den über Wohnen und Verpflegung hinausgehenden Bedarf ein Kinderkonto einzurichten, auf das beide Eltern anteilig Barunterhalt einzahlen.
[494] Vgl. auch BGH FamRZ 2017, 437 (438 Rn. 21): „Eine vollständige Befreiung vom Barunterhalt tritt dagegen nach § 1606 Abs. 3 Satz 2 BGB nur für den Elternteil

Die Ergänzung des § 1606 Abs. 3 BGB könnte folgendermaßen aussehen:[495]

> **§ 1606 Abs. 3 S. 2 und 3 BGB-RV** *Rangverhältnisse mehrerer Pflichtiger.*
> *[...] ²Im Falle einer geteilten Betreuung des minderjährigen Kindes ist auch der Umfang der Betreuung durch jeden Elternteil zu berücksichtigen. ³Der Elternteil, der ein minderjähriges Kind ganz überwiegend betreut, erfüllt seine Verpflichtung, zum Unterhalt des Kindes beizutragen, in der Regel durch die Pflege und die Erziehung des Kindes.*

Kommt ein Elternteil seiner Verpflichtung zur anteiligen Bedarfsdeckung der weiteren Kosten (wie Kleidung, Spielzeug, Schulmaterial usw.)[496] in substanzieller Weise nicht nach und wird die Bedarfsdeckung aus diesem Grund ganz oder teilweise vom anderen Elternteil übernommen, dann könnte dieser die Erstattung der getätigten Aufwendungen im Wege des familienrechtlichen Ausgleichsanspruchs geltend machen.[497] Zu erwägen ist allerdings, einen Ausgleichsanspruch nur zuzulassen, wenn eine „Erheblichkeitsschwelle", zB von mind. 10 % des Kindesunterhalts, erreicht ist (bei niedrigen Einkommen der Eltern könnten 5 % angemessen sein), sofern der Mindestbedarf des Kindes gedeckt ist.

Schließlich ist noch zu klären, wie der Umfang der Betreuung zu ermitteln ist: Da die Festlegung der Betreuungsanteile möglichst einfach erfolgen und ohne aufwändige Nachweise über den genauen Umfang der Betreuung erfolgen sollte, bietet es sich an, im Regelfall nur die Übernachtungen zu zählen[498] und lediglich in Ausnahmefällen (zB bei Schichtdienst eines Elternteils) den Betreuungsanteil nach den Umständen des Einzelfalls zu ermitteln.[499] Des Weiteren sollten

---

ein, der das Kind voll betreut." Für eine gewisse Einschränkung auch *Scheiwe* (Fn. 428) 125 (143); *dies./Wersig* (Fn. 12) 116.

[495] So auch der Reformvorschlag von *Sünderhauf* NZFam 2014, 585 (588), wonach „Eltern ihren minderjährigen Kindern gegenüber auch anteilig nach ihren Betreuungsleistungen" haften.

[496] Zum notwendigen Bedarf vgl. auch OLG Düsseldorf NJW 2001, 3344 (3345).

[497] Vgl. BGH NJW 1981, 2348 f.; 2017, 1108 (1109); *Schürmann* (Fn. 432) § 4 Rn. 74; Wendl/Dose/*Klinkhammer* (Fn. 456) § 2 Rn. 767 f.

[498] So etwa *Scheiwe* FF 2013, 280 (286). Zust. *Weber* NZFam 2016, 829 (830). Alternativ könnte auch wie bei der temporären Bedarfsgemeinschaft nach § 7 Abs. 3 Nr. 4 iVm § 41 Abs. 1 S. 1 SGB II jeder Kalendertag gezählt werden, an dem sich das Kind mehr als zwölf Stunden bei einem Elternteil aufhält (dazu BSG NJW 2010, 2381 [2382 Rn. 15 f.]).

[499] Geben die Eltern einvernehmlich bestimmte Betreuungsanteile vor, dann sollten diese idR auch der Unterhaltsberechnung zugrunde gelegt werden. Zur Problematik *Wohlgemuth* FuR 2014, 556 (557 f.).

auch hier geringfügige Abweichungen (zB bis 5 % des jeweiligen Betreuungsumfangs pro Jahr) nicht zu einem familienrechtlichen Ausgleichsanspruch führen.[500]

c) Leistungsfähigkeit und Selbstbehalt

Die Höhe der Unterhaltsanteile der Eltern ist nach § 1606 Abs. 3 S. 1 BGB entsprechend den Einkommensverhältnissen festzulegen. Die Anteile sind nach Vorwegabzug des angemessenen Selbstbehalts (§ 1603 Abs. 1 BGB) vom bereinigten Nettoeinkommen zu ermitteln (sofern eine gesteigerte Unterhaltspflicht nach § 1603 Abs. 2 BGB besteht, erfolgt ein Vorwegabzug des notwendigen Selbstbehalts).[501] Ist ein Elternteil nicht leistungsfähig, dann ist für die Bestimmung des Barunterhalts der bei alleiniger Unterhaltspflicht des anderen Elternteils geschuldete Tabellenunterhalt zugrunde zu legen,[502] wobei hinsichtlich der Höhe der Ausgleichspflicht der Betreuungsanteil des leistungsfähigen Elternteils berücksichtigt werden sollte.[503] Ist ein Elternteil nur eingeschränkt leistungsfähig und haben beide Eltern niedrige Einkommen, dann ließen sich unbillige Ergebnisse im Einzelfall auch dadurch vermeiden, dass bei beiden Eltern oder ggf. auch nur beim eingeschränkt leistungsfähigen Elternteil der notwendige Selbstbehalt berücksichtigt wird.[504] Im Übrigen könnten auch hier im Rahmen einer Angemessenheitskontrolle Korrekturen im Einzelfall vorgenommen werden.[505] Ergänzend bedarf es einer Reform des Sozialrechts, insb. sollte das Unterhaltsvorschussgesetz *de lege ferenda* auf Fälle der geteilten Betreuung erstreckt werden (→ A.II.1, A.III.2).

d) Erwerbsobliegenheit

Besonders schwierig ist die Frage nach der Erwerbsobliegenheit beider Eltern bei einer geteilten Betreuung zu beantworten. Ausgangspunkt ist die Überlegung, dass es widersprüchlich wäre, wenn nur für das Residenzmodell die persönliche Betreuung des Kindes durch einen Elternteil bis zur Volljährigkeit gesetzlich vorgesehen wäre, während bei einer geteilten Betreuung die Erwartung bestün-

---

[500] Zu denken ist etwa an Fälle, in denen aufgrund eines berufs- oder krankheitsbedingten Ausfalls eines Elternteils der andere Elternteil vorübergehend zusätzliche Betreuungszeiten übernimmt.
[501] BGH FamRZ 2017, 437 (440 f. Rn. 41 ff.).
[502] Vgl. auch *Schürmann* (Fn. 432) § 4 Rn. 52; OLG Dresden NJW-RR 2009, 1661 (zum Unterhalt eines volljährigen Kindes).
[503] So auch der Vorschlag des AK 15 „Unterhalt beim Wechselmodell", 20. DFGT, 2014, 136 beim paritätischen Wechselmodell.
[504] Zur Problematik des Mangelfalls auch *Damljanovic* (Fn. 56) 168 f. Vgl. auch die Berechnungsbeispiele bei *Horndasch* FuR 2016, 558 (562 f.).
[505] Zur Angemessenheitskontrolle BGH NJW 2000, 3140 f.

de, dass beide Eltern trotz anteiliger Kinderbetreuung voll erwerbstätig sind. Daher kann auch bei einer geteilten Betreuung keineswegs grundsätzlich von beiden Eltern eine volle Erwerbstätigkeit erwartet werden,[506] zumal eine egalitärere Rollenverteilung (insb. bei der Betreuung jüngerer Kinder) nicht selten mit der Vorstellung beider Eltern verbunden ist, in etwa gleichem Umfang reduziert erwerbstätig zu sein und sich auch in etwa gleichem Umfang um die Betreuung des Kindes zu kümmern.[507]

Des Weiteren können die Eltern nach der Rechtsprechung des BVerfG auch im Hinblick auf den Lebensstandard des Kindes frei entscheiden, wie sie ihre Elternverantwortung erfüllen. Erst dann, wenn „die finanziellen Mittel für die Lebensbedarfsdeckung des Kindes von den Eltern [...] nur deshalb in nachhaltiger Weise eingeschränkt [werden], weil zumindest ein Elternteil sich der Sorge um sein Kind auch finanziell entziehen will, ist dies nicht mehr eine Form der elterlichen Interessenwahrnehmung für das Kind".[508] Möchte ein Elternteil daher erstmals nach der Trennung seine Erwerbstätigkeit einschränken, um das Kind in größerem Umfang als bisher selbst betreuen zu können, so muss im Einzelfall geprüft werden, ob die persönliche Betreuung dem Interesse des Kindes dient oder es dem Elternteil nur darum geht, sich seiner Unterhaltspflicht teilweise zu entziehen. Sind sich die Eltern hingegen einig, dass beide anteilig Betreuungs- und Barunterhalt erbringen, so ist diese Form der Wahrnehmung der Elternverantwortung grundsätzlich zu akzeptieren,[509] insb. wenn eine vor der Trennung praktizierte Arbeitsteilung (Teilzeittätigkeit beider Eltern) fortgeführt wird. Im Verhältnis zum Kind besteht dann keine Pflicht der Eltern, die Arbeitskraft vollständig auszuschöpfen, sofern auch nach der Trennung der Mindestbedarf des Kindes (§ 1612a BGB) gedeckt ist.[510]

Im Verhältnis der Eltern zueinander könnte hingegen im Konfliktfall die Rechtsprechung zur Geschwistertrennung, bei der beide El-

---

[506] Vgl. auch *Schilling* FPR 2006, 291 (293); *Kaiser* FPR 2008, 143 (147).

[507] Fast 40 % aller Eltern wünschen sich eine egalitäre Aufgabenteilung, bei der beide Eltern nicht voll erwerbstätig sind und sich die Familienarbeit teilen (Wenn Eltern die Wahl haben, Eine repräsentative forsa-Studie im Auftrag von *Eltern* v. 9.4.2013, 16; http://www.bke.de/content/application/explorer/public/newsletter/2013/april/eltern _forsa-studie_wahl.pdf).

[508] BVerfGE 103, 89 (108f.).

[509] Diesbezüglich bestehen auch Unterschiede zu solchen Fällen im Residenzmodell, in denen eine berufliche Veränderung des barunterhaltspflichtigen Elternteils zu einem geringen Einkommen führt (dazu etwa OLG Karlsruhe FamRZ 1993, 836f.). Denn bei einer geteilten Betreuung gehört die Entscheidung der Eltern, reduziert erwerbstätig zu sein, um mehr Zeit dem Kind widmen zu können, zur Wahrnehmung der Elternverantwortung aus Art. 6 Abs. 2 S. 1 GG.

[510] Zum Mindestbedarf *Schürmann* (Fn. 432) § 4 Rn. 4, 114ff.

tern jeweils ein gemeinsames Kind betreuen, eine Orientierung bieten: Danach ist im Verhältnis der Eltern zueinander zu beachten, dass die Anforderungen an die Erwerbsobliegenheit gleichwertig sein müssen.[511] Demzufolge könnte bei kleineren Kindern die Vollerwerbstätigkeit nur eines Elternteils teilweise als „überobligatorisch" eingeordnet werden,[512] während umgekehrt bei größeren Kindern die Teilzeittätigkeit nur eines Elternteils zur Anrechnung von fiktiven Einkünften führen könnte. Bei Vorliegen eines asymmetrischen Betreuungsmodells sollte zudem berücksichtigt werden, dass der überwiegend betreuende Elternteil weniger Freiräume für eine Erwerbstätigkeit hat.

Insgesamt ist der Umfang der Erwerbsobliegenheit beider Eltern im Einzelfall unter Berücksichtigung des Kindesalters, der Anzahl der Kinder und weiterer kindbezogener Gründe (zB Behinderung des Kindes, Betreuungsmöglichkeiten), aber auch elternbezogener Gründe (wie der innerfamiliären Arbeitsteilung bis zur Trennung oder der jeweiligen Arbeitsbedingungen) sowie der jeweiligen Betreuungsanteile zu bestimmen.[513] Auch dürfte bei der asymmetrischen Betreuung eines Kleinkindes[514] aufgrund der Wertungen, die sich insb. aus § 1570 Abs. 1 S. 1 und § 1615l Abs. 2 S. 3 BGB (Betreuungsunterhalt)[515] sowie § 15 Abs. 2 S. 1 BEEG (Elternzeit) ergeben, eine Erwerbsobliegenheit des überwiegend betreuenden Elternteils regelmäßig abzulehnen sein.[516] Ändern die Eltern erst nach einigen Jahren das Betreuungsmodell (von einem Residenz- zu einem Wechselmodell oder von einer asymmetrischen zu einer paritätischen Betreuung),

---

[511] OLG Brandenburg FamRZ 2016, 1461; Wendl/Dose/*Klinkhammer* (Fn. 456) § 2 Rn. 440, 443–446.
[512] Vgl. BGH NJW 2017, 1881 (1882 Rn. 19f.).
[513] Vgl. auch *Jokisch* FuR 2014, 25 (30). Im Rahmen einer Reformdiskussion könnte auch auf die Überlegungen zum Umfang der Erwerbsobliegenheit, zur Berücksichtigung des Alters des Kindes sowie zum Zeitbudget eines überwiegend betreuenden Elternteils von *Schäuble*, Erwerbsobliegenheit im Betreuungsunterhalt, 2013, 166 ff. zurückgegriffen werden.
[514] Die gerichtliche Anordnung eines paritätischen Wechselmodells wird bei Kindern unter drei Jahren ohnehin regelmäßig nicht in Betracht kommen (→ B 18, B 64).
[515] Auch ein Betreuungsunterhaltsanspruch nach § 1615l Abs. 2 S. 4–5 BGB oder nach § 1570 Abs. 1 S. 1 und Abs. 2 BGB ist bei geteilter Betreuung nicht ausgeschlossen. Eine Orientierung könnte auch hier die Rspr. des BGH (NJW 1983, 1548 [1549f.]) zum nachehelichen Unterhalt bieten, wenn beide Eltern jeweils ein gemeinsames Kind betreuen (so auch *Schilling* FPR 2006, 291 ff.). Insb. beim Betreuungsunterhalt nach § 1570 BGB kann der Elternteil mit dem höheren Einkommen zur Zahlung von Unterhalt verpflichtet sein (ist die Erwerbstätigkeit des Elternteils mit dem höheren Einkommen teilweise als überobligatorisch einzuordnen, dann ist sein Einkommen ggf. nicht vollständig bei der Berechnung des Betreuungsunterhalts einzustellen; BGH NJW 2016, 322 [323]). Dazu auch *Kaesling* (Fn. 115) 261 ff.; *Damljanovic* (Fn. 56) 191 ff.; *Seiler* FamRZ 2015, 1845 (1855).
[516] Vgl. auch *Wapler* (Fn. 177) 251 (255 ff., 259).

dann sollte eine angemessene Übergangszeit gewährt werden.[517] Einzelheiten könnte die Rechtsprechung entwickeln und in Leitlinien festlegen.

3. Geltendmachung des Barunterhalts

Bei Zugrundelegung der dargestellten Berechnungsmethode wird bei unterschiedlich hohen Einkommen und unterschiedlich hohen Betreuungsanteilen regelmäßig ein Ausgleich zwischen den Haushalten erforderlich sein.[518] Der BGH hat insoweit anerkannt, dass dem Kind, wenn dessen Bedarf im Haushalt eines Elternteils nicht (vollständig) gedeckt ist, ein Anspruch auf Barunterhalt (in Höhe der „noch nicht gedeckten Unterhaltsspitze") gegenüber dem anderen Elternteil zusteht.[519] Zur Geltendmachung dieses Anspruchs sollte § 1629 Abs. 2 BGB um eine Vertretungsregelung für die geteilte Betreuung ergänzt werden,[520] damit nicht die „Umwege" eines Verfahrens nach § 1628 BGB oder der Bestellung eines Ergänzungspflegers genommen werden müssen:

> § 1629 Abs. 2 S. 3 BGB-RV *Vertretung des Kindes.*
> [...] [3] *In Fällen einer geteilten Betreuung kann jeder Elternteil Unterhaltsansprüche des minderjährigen Kindes gegen den anderen Elternteil geltend machen.* [Satz 3 wird Satz 4]

Zudem sollte erwogen werden, auch beim Ausgleich zwischen den Haushalten neben einer Verrechnung von Barunterhalt (bzgl. der Unterhaltsspitze) und familienrechtlichem Ausgleichsanspruch (Anteil an der Kindergeldhälfte für Betreuungsleistungen) zusätzlich eine „Erheblichkeitsschwelle" einzubauen, sodass ein Ausgleich (nach Verrechnung) zB erst möglich wäre, wenn die Differenz mehr als 10% des Barunterhalts beträgt (bei niedrigen Einkommen könnte die Schwelle bereits bei 5% angesetzt werden und in jedem Fall müsste

---

[517] OLG Dresden FamRZ 2016, 470 (471).
[518] Unproblematisch sind lediglich Fälle, in denen die zu gleichen Teilen betreuenden Eltern ein etwa gleich hohes Einkommen haben: Beide Eltern erbringen dann zu gleichen Teilen (dh jeweils hälftig) den Bar- und Betreuungsunterhalt.
[519] BGH FamRZ 2017, 437 (441 Rn. 44). Die teilweise vorgeschlagene Lösung, den Barunterhalt bzw. die nicht gedeckte „Unterhaltsspitze" mit Hilfe des familienrechtlichen Ausgleichsanspruchs geltend zu machen, überzeugt nicht, weil es sich um einen Anspruch des Kindes handelt und derzeit nur die Geltendmachung dieses Anspruchs umständlich ist. Daher ist auch die Lösung von *Maaß* FamRZ 2016, 603 (607f.: Ausgleich über §§ 667, 670 BGB) abzulehnen (krit. dazu *Spangenberg* FamRZ 2016, 1426f.; *Wohlgemuth* FamRZ 2016, 1427f.). Dazu insgesamt auch *Damljanovic* (Fn. 56) 182ff. mwN.
[520] So auch *Empfehlungen des Vorstands* in 22. DFGT, 2017, 135 (139; C.I.3) = FamRZ 2018, 86 (88).

der Mindestbedarf des Kindes gewahrt sein). Dies hätte auch den Vorteil, dass damit kleinere Veränderungen beim Einkommen eines Elternteils oder beim Betreuungsanteil „aufgefangen" werden könnten. Beim Abschluss einer Elternvereinbarung sollte den Eltern daher empfohlen werden, die „Erheblichkeitsschwellen" in den hier vorgeschlagenen Bereichen (bei einer überobligatorischen Bedarfsdeckung durch einen Elternteil, bei Abweichungen von den Betreuungsanteilen sowie in Bezug auf die Höhe des Differenzbetrags) vorzusehen und ggf. (im Hinblick auf eine Kumulation der drei Bereiche) eine Obergrenze (jährlicher Festbetrag) aufzunehmen. Bei der Übernahme dieser Schwellen in Leitlinien könnte argumentiert werden, dass bis zum Erreichen der festgesetzten Schwelle der angemessene Bedarf des Kindes beim jeweiligen Elternteil noch gedeckt ist. In Bezug auf den familienrechtlichen Ausgleichsanspruch zwischen den Eltern könnte darauf verwiesen werden, dass bei der Festlegung der Haftungsanteile der Eltern nach § 1606 Abs. 3 S. 1 BGB Wertungen und Billigkeitsaspekte einfließen können.[521]

4. Unterhaltsformel zur Berechnung des Barunterhalts

(1) Die Ermittlung des angemessenen Barunterhalts des Kindes (KU) erfolgt anhand der Düsseldorfer Tabelle unter Zugrundelegung der bereinigten Nettoeinkommen (E) beider Eltern (Mutter und Vater sind mit M bzw. V gekennzeichnet).[522] Besteht ein Mehrbedarf, so ist dieser dem Tabellenwert hinzuzurechnen, während die „Wechselmehrkosten" regelmäßig nicht berücksichtigt werden sollten. Vom Barunterhalt (KU) ist das halbe Kindergeld (KG) abzuziehen (§ 1612b Abs. 1 S. 1 Nr. 1 BGB), um den Unterhalt in Höhe des von den Eltern zu leistenden Barbedarfs (U) zu erhalten (→ E.III.2a).

> KU ergibt sich aus dem Tabellenwert (Düsseldorfer Tabelle) nach dem Alter des Kindes und der Summe der bereinigten Nettoeinkommen beider Eltern ($E_M + E_V$). Weiterhin gilt: $KU - \frac{1}{2} KG = U$

(2) Bei der Berücksichtigung der Betreuungsanteile der Eltern (§ 1606 Abs. 3 S. 2 BGB-RV) ist ausgehend vom Barunterhalt (KU) zu ermitteln, wie hoch der Bedarf (B) des Kindes beim jeweiligen Elternteil (B_M bzw. B_V) bezogen auf den jeweiligen Anteil (A) der Betreuung (A_M in % bzw. A_V in %) ist (→ E.III.2b).

---

[521] Dies gilt etwa auch für die Berücksichtigung fiktiver Einkünfte, die Einordnung von Einkommen als überobligatorisch sowie für die Angemessenheitskontrolle im Einzelfall (vgl. nur BGH NJW-RR 1986, 293 [294]).
[522] Bei gleichgeschlechtlichen Eltern sind (auch im Folgenden) Mutter und Vater durch Elternteil 1 und Elternteil 2 zu ersetzen.

> Der Bedarf des Kindes bei der Mutter (B_M) berechnet sich aus KU gemäß dem Anteil der Betreuung durch die Mutter (A_M in %). Der Bedarf des Kindes beim Vater (B_V) berechnet sich aus KU gemäß dem Anteil der Betreuung durch den Vater (A_V in %). Hieraus ergibt sich:
> $$KU * A_M = B_M \text{ und } KU * A_V = B_V$$

(3) Die Berechnung der Unterhaltsanteile von Mutter und Vater nach § 1606 Abs. 3 S. 1 BGB erfolgt in zwei Schritten: a) Zunächst ist das Verhältnis der Unterhaltsanteile (UA) anhand der Einkommen nach Vorwegabzug des Selbstbehalts (SB) zu berechnen (Prozentsatz Mutter = P_M, Prozentsatz Vater = P_V).[523] b) Diesem Verhältnis entsprechend ist dann aus U die Höhe der Unterhaltsanteile (UA) von Mutter (UA_M) und Vater (UA_V) zu errechnen (→ E.III.2c).

> a) Verhältnis der Unterhaltsanteile nach Vorwegabzug des Selbstbehalts:
> $$\frac{E_M - SB_M}{(E_M + E_V) - (SB_M + SB_V)} = P_M \text{ und } \frac{E_V - SB_V}{(E_M + E_V) - (SB_M + SB_V)} = P_V$$
> b) Unterhaltsanteil von Mutter (UA_M) und Vater (UA_V):
> $$U * P_M = UA_M \text{ und } U * P_V = UA_V$$

(4) Ein Ausgleich zwischen den Haushalten ist bei Bestehen eines (positiven) Differenzbetrags vorzunehmen: a) Sofern der unter (3) errechnete Unterhaltsanteil eines Elternteils (UA_M bzw. UA_V) ggf. unter Berücksichtigung der Kindergeldhälfte nicht den Bedarf des Kindes bei diesem Elternteil (B_M bzw. B_V) deckt, kann dieser Elternteil den Differenzbetrag (= Barunterhalt in Höhe der nicht gedeckten Unterhaltsspitze) als Vertreter des Kindes gegenüber dem anderen Elternteil geltend machen.

> $B_M - UA_M - {}^{1}\!/_{2}\, KG > 0$ → Barunterhalt in Höhe der nicht gedeckten Unterhaltsspitze bzw.
>
> $B_V - UA_V - {}^{1}\!/_{2}\, KG > 0$ → Barunterhalt in Höhe der nicht gedeckten Unterhaltsspitze

---

[523] Dies setzt voraus, dass das Einkommen höher ist als der Selbstbehalt. Bei Vorliegen eines Mangelfalles (eingeschränkte Leistungsfähigkeit eines Elternteils oder beider Elternteile) ist entsprechend den Leitlinien zur Düsseldorfer Tabelle die Verteilungsmasse (Differenz zwischen dem bereinigten Nettoeinkommen und dem Selbstbehalt → B 103) zu ermitteln und diese auf die Unterhaltsberechtigten im Verhältnis ihrer jeweiligen Einsatzbeiträge zu verteilen. Der für das jeweilige Kind ermittelte Betrag entspricht dann dem Unterhaltsanteil (UA) des eingeschränkt leistungsfähigen Elternteils und kann bei Schritt (4) a) in die Berechnungsformel eingesetzt werden.

b) Die Kindergeldhälfte, die nach § 1612b Abs. 1 S. 1 Nr. 1 BGB auf die Betreuung entfällt, ist unter den Eltern aufzuteilen. Der Elternteil, der das Kindergeld nicht bezieht, hat einen (seinem Betreuungsanteil entsprechenden) familienrechtlichen Ausgleichsanspruch (*FA*) gegen den anderen Elternteil (zur Verrechnung der beiden Ansprüche und ggf. zur Berücksichtigung einer „Erheblichkeitsschwelle" → E.III.3).

$$^1/_2\, KG * A_M\, in\, \% = FA \quad \text{bzw.} \quad ^1/_2\, KG * A_V\, in\, \% = FA$$

5. Beispiele

Die getrennt lebenden Eltern haben zwei Kinder im Alter von 7 (Kind 1) und 12 Jahren (Kind 2). Die Mutter hat ein bereinigtes Nettoeinkommen iHv 2.000 EUR (E_M), der Vater hat ein bereinigtes Nettoeinkommen iHv 3.000 EUR (E_V).

a) Paritätisches Wechselmodell

Kind 1

Schritt 1: *KU* nach DüTab (bei Zugrundelegung beider Einkommen): ***607 EUR***
 *U = 607 EUR – $^1/_2$ KG (97 EUR) = **510 EUR***

Schritt 2: Berücksichtigung der Betreuungsanteile der Eltern iHv 50% aus *KU*
 *607 EUR (KU) * 50% = **303,50 EUR***

Schritt 3: Berechnung der Unterhaltsanteile der Mutter und des Vaters
 a) Haftung nach Einkommensverhältnissen (gerundet)

$$\frac{2.000 - 1.300}{5.000 - 2.600} = 29\, \% \,(P_M) \quad \text{und} \quad \frac{3.000 - 1.300}{5.000 - 2.600} = 71\, \% \,(P_V)$$

 b) Anteile am Kindesunterhalt (gerundet)
 Anteil Mutter: *510 EUR (U) * 29% = 147,90 EUR (UA_M)*
 → ***148 EUR***
 Anteil Vater: *510 EUR (U) * 71% = 362,10 EUR (UA_V)*
 → ***362 EUR***

Schritt 4: Eltern bestimmen Empfänger des Kindergeldes (hier: Mutter)
 Differenzbetrag: $B_M - UA_M - ^1/_2\, KG$
 → *303,50 EUR – 148 EUR – 97 EUR =* ***58,50 EUR***

Kind 2

Schritt 1: *KU* nach DüTab (bei Zugrundelegung beider Einkommen): **710 EUR**
$U = 710\ EUR - \frac{1}{2}\ KG\ (97\ EUR) = \mathbf{613\ EUR}$

Schritt 2: Berücksichtigung der Betreuungsanteile der Eltern iHv 50% aus *KU*
*710 EUR (KU) * 50% = **355 EUR***

Schritt 3: Berechnung der Unterhaltsanteile der Mutter und des Vaters
    a) Haftung nach Einkommensverhältnissen (gerundet) → Kind 1
    b) Anteile am Kindesunterhalt (gerundet)
    Anteil Mutter: *613 EUR (U) * 29% = 177,77 EUR (UA_M)*
    → ***178 EUR***
    Anteil Vater: *613 EUR (U) * 71% = 435,23 EUR (UA_V)*
    → ***435 EUR***

Schritt 4: Eltern bestimmen Empfänger des Kindergeldes (hier: Mutter)
Differenzbetrag: $B_M - UA_M - \frac{1}{2}\ KG$
→ *355 EUR – 178 EUR – 97 EUR = **80 EUR***

Die Mutter kann nach § 1629 Abs. 2 S. 3 BGB-RV vom Vater Barunterhalt iHv **138,50 EUR** für beide Kinder verlangen. Der Vater hat einen familienrechtlichen Ausgleichsanspruch gegen die Mutter iHv 97 EUR (50% der Kindergeldhälfte für Betreuungsleistungen; 48,50 EUR pro Kind). Sofern eine „Erheblichkeitsschwelle" vorgesehen werden sollte, bestände hier kein Ausgleichsanspruch, da bei Verrechnung der Ansprüche auf Barunterhalt (Unterhaltsspitze für beide Kinder) mit dem familienrechtlichen Ausgleichsanspruch (bzgl. der Kindergeldhälfte für beide Kinder) lediglich ein monatlicher Differenzbetrag iHv 41,50 EUR zugunsten des Haushalts der Mutter verbleibt (10 EUR für Kind 1 und 31,50 EUR für Kind 2).

b) Asymmetrisches Betreuungsmodell

Die Mutter betreut beide Kinder im Umfang von 65%, der Vater im Umfang von 35%.

Kind 1

Schritt 1: *KU* nach DüTab (bei Zugrundelegung beider Einkommen): **607 EUR**
$U = 607\ EUR - \frac{1}{2}\ KG\ (97\ EUR) = \mathbf{510\ EUR}$

Schritt 2: Berücksichtigung der Betreuungsanteile der Eltern → Bedarf des Kindes (gerundet)

Schritt 3: Bedarf bei der Mutter:
607 EUR (KU) * 65 % = 394,55 EUR (B_M) → **395 EUR**
Bedarf beim Vater:
607 EUR (KU) * 35 % = 212,45 EUR (B_V) → **212 EUR**

Schritt 3: Berechnung der Unterhaltsanteile der Mutter und des Vaters
Anteil Mutter: **148 EUR** und Anteil Vater: **362 EUR**
(→ E.III.5a)

Schritt 4: Mutter erhält Kindergeld
Differenzbetrag: $B_M - UA_M - {}^1/_2 KG$
→ *395 EUR – 148 EUR – 97 EUR =* **150 EUR**

Kind 2

Schritt 1: *KU* nach DüTab (bei Zugrundelegung beider Einkommen): **710 EUR**
$U = 710\ EUR - {}^1/_2 KG\ (97\ EUR) =$ **613 EUR**

Schritt 2: Berücksichtigung der Betreuungsanteile der Eltern → Bedarf des Kindes (gerundet)
Bedarf bei der Mutter:
710 EUR (KU) * 65 % = **461,50 EUR** (B_M)
Bedarf beim Vater:
710 EUR (KU) * 35 % = **248,50 EUR** (B_V)

Schritt 3: Berechnung der Unterhaltsanteile der Mutter und des Vaters
Anteil Mutter: **178 EUR** und Anteil Vater: **435 EUR**
(→ E.III.5a)

Schritt 4: Mutter erhält Kindergeld
Differenzbetrag: $B_M - UA_M - {}^1/_2 KG$
→ *461,50 EUR – 178 EUR – 97 EUR =* **186,50 EUR**

Die Mutter kann nach § 1629 Abs. 2 S. 3 BGB-RV vom Vater Barunterhalt iHv **336,50 EUR** für beide Kinder verlangen. Der Vater hat einen familienrechtlichen Ausgleichsanspruch gegen die Mutter iHv 67,90 EUR (35 % der Kindergeldhälfte für Betreuungsleistungen; 33,95 EUR pro Kind). Der Ausgleichsbetrag zugunsten des Haushalts der Mutter beträgt somit **268,60 EUR** (zudem deckt der Vater nicht nur die Lebenshaltungskosten der Kinder während seiner Betreuungszeit, sondern muss sich auch iHv 35 % an allen anderen Kosten wie Kleidung, Freizeitaktivitäten etc. beteiligen, sodass die Mutter insoweit entlastet wird).

F. Thesen

I. Inhaberschaft der elterlichen Sorge (Statusfragen)

These 1:
Das Leitbild der gemeinsamen elterlichen Sorge gilt auch für getrennt lebende Eltern.
a) Bei Einvernehmen der Eltern sollte von diesem Leitbild nur aus triftigen, das Wohl des Kindes nachhaltig berührenden Gründen abgewichen werden (→ B.I.1).
b) Im Elternkonflikt sollte von diesem Leitbild nur dann abgewichen werden, wenn die gemeinsame Sorge dem Kindeswohl widerspricht. Daher sollte der Kindeswohlprüfungsmaßstab des § 1626a Abs. 2 BGB im Gesetzeswortlaut des § 1671 Abs. 1 S. 2 Nr. 2 BGB zum Ausdruck gebracht werden (→ C.II).

These 2:
Bei nicht miteinander verheirateten Eltern sollte die Begründung der gemeinsamen Sorge im Interesse des Kindes gestärkt werden (→ B.I.2):
a) durch ein gemeinsames Sorgerecht kraft Gesetzes, wenn die Eltern bei der Anerkennung der Vaterschaft einen gemeinsamen Wohnsitz haben;
b) durch die Zulassung partieller Sorgeerklärungen.

These 3:
Die Rechtspositionen der Eltern sollten bei der Abänderung einer gerichtlichen Entscheidung gestärkt werden.
a) Die Wiederbegründung der gemeinsamen Sorge ist bei einem Elternkonsens vorzunehmen, wenn sie dem Kindeswohl nicht widerspricht (→ B.I.3).
b) Verfahren nach § 1696 Abs. 1 BGB (auch in Bezug auf die Ausübung der gemeinsamen Elternverantwortung) dürfen nicht von Amts wegen eingeleitet werden (→ C.I.2).

II. Betreuung und Umgang (Ausübung der gemeinsamen Elternverantwortung)

These 4:
In Bezug auf das Betreuungsmodell sollte kein gesetzliches Leitbild vorgegeben werden (→ B.II.1).

These 5:
Als weiteres Betreuungsmodell ist im Kindschaftsrecht die geteilte Betreuung neben dem Residenzmodell abzubilden.
a) Eine geteilte Betreuung liegt vor, wenn eine Mitbetreuung von mind. 30% besteht, beide Eltern Verantwortung für das Kind im Alltag übernehmen und das Kind (außer beim Nestmodell) in beiden Elternhäusern ein Zuhause hat (→ A.I).
b) Die geteilte Betreuung ist rechtssystematisch als Ausübung der elterlichen Sorge und nicht als Umgang einzuordnen (→ B.II.3a, C.III.1).

These 6:
Elternvereinbarungen sollten noch stärker gefördert und die Rahmenbedingungen hierfür verbessert werden (→ C.I.).
a) Das Beratungskonzept der §§ 17f. SGB VIII sollte so überarbeitet werden, dass allen Trennungseltern ein ergebnisoffenes Beratungsangebot zu Fragen der elterlichen Sorge, des Betreuungsmodells (einschließlich der Folgen für den Kindesunterhalt) und des Umgangs zur Verfügung steht.
b) Zur Lösung von Elternkonflikten sollte eine staatlich bezuschusste Mediation angeboten und eine Mediationskostenhilfe eingeführt werden.

These 7:
Die bisher nur auf das Residenzmodell zugeschnittene Kompetenzverteilung bei gemeinsamer Sorge (§ 1687 Abs. 1 BGB) sollte im Bereich der Alltagssorge flexibler gestaltet werden (→ B.II.2):
a) durch den Vorrang von Elternvereinbarungen;
b) durch eine im Übrigen an den jeweiligen Aufenthalt des Kindes anknüpfende Entscheidungsbefugnis jedes Elternteils.
c) Auf Antrag ist einem Elternteil die Alltagssorge zu übertragen, wenn dies dem Wohl des Kindes am besten entspricht.

These 8:
Der gerichtlich gebilligte Vergleich nach § 156 Abs. 2 FamFG sollte auf die einvernehmliche Regelung der Betreuung erweitert werden (→ B.II.3b).

These 9:
Für die gerichtliche Anordnung einer geteilten Betreuung sollte eine eigene Regelung geschaffen werden (→ C.III.1 und 2):
a) Für die Einleitung des Verfahrens ist der Antrag eines Elternteils Voraussetzung.

b) Es ist eine positive Kindeswohlprüfung iSd § 1697a BGB vorzunehmen, bei der auch Art und Ausmaß des Elternkonflikts zu berücksichtigen sind.
c) Die Anordnung kann befristet werden (Probezeit).
d) Eine Abänderung erfolgt auf Antrag eines Elternteils unter den Voraussetzungen des § 1696 Abs. 1 BGB (→ C.III.3).

These 10:
Die Umgangsregelung des § 1684 BGB sollte weniger bevormundend ausgestaltet werden (→ C.IV.1):
a) § 1684 Abs. 3 S. 1 BGB ist als reines Antragsverfahren auszugestalten.
b) § 1684 Abs. 3 S. 2 BGB ist zu streichen.
c) Die Anordnung einer Umgangspflegschaft setzt (unterhalb der Eingriffsschwelle des § 1666 BGB) einen Antrag eines Elternteils voraus und muss dem Wohl des Kindes entsprechen.

These 11:
Die Tatbestände des § 1684 Abs. 4 S. 1 und 2 BGB sind präziser zu fassen (→ C.IV.2):
a) Im Falle einer Kindeswohlgefährdung kann die Einschränkung oder der Ausschluss des Umgangs von Amts wegen vorgenommen werden.
b) Eine Einschränkung des Umgangs kann auch auf Antrag eines Elternteils vorgenommen werden, wenn der uneingeschränkte Umgang dem Wohl des Kindes widerspricht.

III. Kindeswohl und Kindeswille

These 12:
Das Konzept zum Kindeswohl als Prüfungsmaßstab sollte kohärenter ausgestaltet und die jeweilige Kindeswohlschwelle sollte im Wortlaut der einschlägigen Normen klar zum Ausdruck gebracht werden (→ D.I.1).

These 13:
Auch bei einer Kindeswohlgefährdung in Hochkonfliktfällen und in Fällen des Umgangsboykotts ist bei der Anordnung von gerichtlichen Maßnahmen der Grundsatz der Verhältnismäßigkeit strikt zu beachten (→ D.I.2).

These 14:
Der Kindeswille sollte bei der Ausübung der gemeinsamen Elternverantwortung (geteilte Betreuung und Umgang) stärker berücksichtigt werden:

a) bei einsichts- und urteilsfähigen Kindern im Rahmen der Kindeswohlprüfung (→ D.II.1);
b) für Kinder ab 14 Jahren durch Einführung eines eigenen Antragsrechts (→ D.II.2).

IV. Kindesunterhalt

These 15:
§ 1606 Abs. 3 S. 2 BGB sollte nur beim klassischen Residenzmodell, bei dem ein Elternteil das Kind ganz überwiegend betreut und der andere Elternteil mit dem Kind Umgang im üblichen Umfang hat, zur Anwendung kommen (→ E.II).

These 16:
a) Bei einer geteilten Betreuung gilt für den Kindesunterhalt nicht § 1606 Abs. 3 S. 2 BGB, sondern S. 1, wobei neben den Einkommen beider Eltern auch die jeweiligen Betreuungsanteile zu berücksichtigen sind (→ E.III.1 und 2).
b) Zur Ermittlung des Barunterhalts bei geteilter Betreuung sollte ein möglichst einfaches Berechnungsmodell gewählt werden. Lösungen zu Einzelfragen können von der Rechtsprechung entwickelt und in Leitlinien niedergelegt werden (→ E.III.2a–c).
c) Bei geteilter Betreuung des Kindes erbringen beide Eltern Betreuungs- und Barunterhalt; der Umfang der Erwerbsobliegenheit ist von den Umständen des Einzelfalls abhängig, wobei neben den Betreuungsanteilen auch kind- und elternbezogene Gründe zu berücksichtigen sind (→ E.III.2d).
d) In Fällen einer geteilten Betreuung sollte jeder Elternteil Unterhaltsansprüche des Kindes gegen den anderen Elternteil geltend machen können. Eine entsprechende Ergänzung ist in § 1629 Abs. 2 BGB vorzusehen (→ E.III.3).

These 17:
Eltern sollten bei der Berechnung des Barunterhalts durch einen Online-Rechner und bei der Ausarbeitung einer Unterhaltsvereinbarung durch die Erweiterung des Beratungsangebots nach §§ 17 f. SGB VIII unterstützt werden (→ E.III.1).

These 18:
Die ökonomische Situation von Trennungskindern bzw. -familien ist (unabhängig vom jeweiligen Betreuungsmodell) durch entsprechende Maßnahmen im Sozial- und Steuerrecht zu verbessern (→ A.II.1, III.2).